© 2021, Jürgen S.
Herstellung und Verlag: BoD – Books on Demand, Norderstedt
ISBN: 9783754347478

teil:weise

Wie Mensch die aktuellen Probleme löst.

„Habt ihr den Knall gehört?"

Es wird wohl in Deutschland zukünftig keine Rente wie bisher geben, spätestens in zwanzig Jahren kommt wahrscheinlich eine Einheitsrente, wo auch immer damit die positiven Aspekte einer „Einheit" bei einer solchen Rente bleiben (Chance, dass dies zutrifft: Hoch!).

Die Klimakrise IST real, die Folgen sind, bei einem Versuch, den Lebensstandard von heute einigermaßen zu halten, für mindestens ein Drittel der Staaten, vernichtend. Krieg, Hunger und Armut, Verlust der inneren Stabilität, Flucht, ... sind einige der primären Folgen (Chance, dass dies zutrifft: Mittel bis hoch!).

Es wird auch GewinnerInnen geben. Die größere Menge von CO_2 in der Atmosphäre KANN das Wachstum von Pflanzen steigern. Es werden sich Terraforming-Techniken aus dem Klimawandel ableiten lassen, sowie Wetterkontrolle, Nachhaltiges Wirtschaften, Symbiose mit Lebewesen, wie auch (Achtung: Science Fiction) Verbindungen mit anderen Lebewesen, über Neural-Lesegeräte (Chance, dass dies zutrifft: Mittel bis hoch!)

Wandel ist eine Art Konstante. Ja, dass das paradox klingt, liegt jedoch an sprachlicher Unausgereiftheit der Formulierung. Nicht der Wandel als solcher ist konstant. Sondern die Abfolge, in der der Wandel vorkommt. Wir sind sehr anpassungsfähig und erfinderisch. Die Natur macht absichtlich Fehler, so wie ich. Das ist natürlich manchmal riskant, jedoch ist der mögliche Gewinn potentiell immens. Dies Buch soll aufzeigen, was kommen kann und es reicht dabei recht weit in die Praxis herein. Es gibt uns Einblick in die Hindernisse, die in uns existieren und schiebt sie, bei Bedarf, aus dem Weg. DAS ist natürlich für diejenigen, die vom „status quo" profitieren, erst einmal ein Problem, denn sie müssen daher auch umlernen, ein Novum für viele.

„Wagt Neues!", aber „passt bloß auf", denn mit Macht kommt die Notwendigkeit von Verantwortung! (Die Fehler, die wir machen, sind fehlende Erfahrungen oder Prüfung auf weitere Gültigkeit alter

Ansichten. Das ist eine These der "Fehlersophie". Weitere Thesen sind: "Fehler machen kann jedeR, daraus lernen nicht." Und: "Quasi nichts ist vollkommen!")

Das hier vorgestellte Konzept von Staatsführung löst weite Teile von PolitikerInnen, PolizistInnen, PfarrerInnen, ... ab. Womit? Mit „Gleichheit" (Wertgleichheit aller Menschen), "Gerechtigkeit" (so weit sie anzunähern ist), "Freiheit" (so weit sie im Konsens gewünscht ist),... "Transparenz",...
All diese Konzepte sind stetig zu prüfen und zum Wohl möglichst vieler bestmöglich für möglichst viele umzusetzen.

Das Buch bemüht sich, zu schildern, wie all das zusammenhängt. Was also Ernährung mit Selbstwert und damit, warum sich so viele hier selbst belügen, zu tun hat. Warum Autos, Haustiere, ... einen kriminellen Touch haben können und so weiter.

Viel Spaß

„Je früher, desto eher.“

(Andreas, ehemaliger Kollege, mittlerweile verstorben.)

Wie Mensch die aktuellen Probleme löst 3

„Habt ihr den Knall gehört?" 4

„Je früher, desto eher." 6

Einleitung 10

„Hallo, mein Name ist …, mein Gender ist …, das Pronomen für mich lautet: …! Ich esse vegan/flexitarisch/frutarisch/..." 10

„Mehr Licht!" - Wie jedeR habe ich teil:weise recht (recht recht). Aber ich weiß das. 14

Kognitive Dissonanz I: „So lange man den Nebel sieht, ist man noch nicht blind." 20

Kognitive Dissonanz II: Was uns so sehr irritiert, dass wir es meist verdrängen. 28

Weiterführende Fragen: 33

Der Kern des Problems (wichtigste These und ein-Fall „Pudel") 49

What if??? (Wurst-Käse-Szenario mit Ausblick nach...) 53

„Kaum hat man die Antwort, erscheint eine veränderte Frage!" (Anonym) 53

Krieg 57

Monokultur 62

Noch näher am Kern 64

Vorteile der „Krise" und ihrer Aspekte 71

Wer steckt dahinter, „TäterInnen-Suche" mittels „Cui bono"? 75

Notwendige Maßnahmen zur Bewältigung der „Krise" 77

Erste Symptome für tiefgreifenden Wandel 82

Wie mache ich das nachweislich „Beste" daraus? Was ist
eigentlich real? Was ist noch möglich?   84

Wo „befinden" wir uns bei alledem?   88

Der Widerstand   90

Was bedeutet es in diesem Zusammenhang,
„die Mitte" zu finden?!   105

Die Simulation (ME-GA-ME)   106

   "Entweder, Du findest das Tier in Dir oder Du befindest
   Dich irgendwann im Tier."   106

Hinterfrage alles! Wieso? Wieso nicht? …? (Fragen)   109

Spezielle Probleme erfordern spezielle Reaktionen?   116

Motto 1   119

Motto 2   120

Motto 3   120

Strukturen   120

Definition: Definition   120

Definition: Künstlich   121

Definition: Kultur   122

Definition: Natur   124

Definition: Normal   125

Definition: Volk, Rasse   127

Definition: Gut-Schlecht vs. Gut-Böse   127

Definition: Persian flaw   130

Definition: Paradigmenwechsel   131

Definition: Intellitarier   132

Definition: Intelligente Plan-Wirtschaft (IPW)   132

Definition: Indoktrination und Selbstindoktrination   133

Definition: Objektivität in der Fehlersophie   134

Definition: Dekadenz und Degeneration   135

Definition: Gesetzes-Recht vs. Gerechtigkeit   137

Beispiel: FeministInnen, ...   137

Beispiel: Alltag   138

Beispiel: Strategie der bedürftigen Siedler, ...   138

Beispiel: Dysfunktional   140

Frage: Welche Ereignisse lassen auf eine übermäßige Belastung des Systems schließen?   141

Frage: Ausbeutung   142

Frage: Ausbeutung und Vertreibung   143

Fragen: Stereotype   144

Fragen und SINN in allem Natürlichen   147

Paradigmenwechsel: Das Ganze sehen   149

Paradigmenwechsel: Emanzipation   152

Lösung: Auflösung, statt Loslösung- Verteilen, statt Zerteilen.   153

Fazit: Klondike (Tr'ondëk) des Verstehens   155

Projiziert   160

Literaturangaben: 171

9

Einleitung

„Hallo, mein Name ist …, mein Gender ist …, das Pronomen für mich lautet: …! Ich esse vegan/flexitarisch/frutarisch/...“

Das wäre derzeit noch ein für viele vielleicht seltsam wirkender Einstieg in ein Gespräch, z.b. aus meiner gesellschaftlichen Nische als Cis-Mann betrachtet. Aus meiner Sicht als „Intellitarier" (siehe „Definition: Intellitarier") ist es schwierig in diesen Bereichen (Gender, Ernährungsweise, ... Politik, ...) starre Einstellungen zu etablieren, daher ist Flexitarier nahe am Intellitarier, daher ist intelligente Planwirtschaft nahe an einem Kompromiss von Planwirtschaft und Kapitalismus, etc.,...

Bloß, bezogen auf ein Leben, in dem diese Variationen von politischen und anderen Einstellungen an einem lockeren und barrierefreiem Umgang hindern, könnte es geschehen, dass unter Anderem so eine „Begrüßung", wie die da "oben", die Regel wird. An sich wäre es ok, wenn nicht für Leute, wie mich, ein umlernen nötig würde. Eine AR-Brille, die uns die relevanten Daten zu Personen, die wir ansehen einblendet, wäre eine Hilfe, doch dazu müsste man private Daten freigeben. Aber das ist derzeit noch recht riskant. UND auch, da die Art, wie zu gendern ist, schlecht elaboriert ist, wäre ein gemeinsames Gestalten und dann Erlernen einer „Neuen Grammatik" nachvollziehbar und sinnvoll?! Zumal sich hier, für eine Demokratie nicht gänzlich typisch, eine Minderheit gegen eine Mehrheit durchsetzt. Das ist nicht moralisch verwerflich, jedoch muss man sich bei so etwas nach der politischen Motivation fragen und nach dem Nutzen für die Allgemeinheit.

Zudem sehe ich die Notwendigkeit, dass wenn unbedingt Gendern erfolgen muss, dann auch für Kinder neue, neutrale Pronomen kommen, und dass sie damit einen geschützten „Raum" erhalten, wo sie frei ihr Gender finden können, spätestens bis zum bewusst werden ihrer Pubertät oder Entsprechungen. Ein Druck von Seiten der Erwachsenen, die Wahl des am ehesten passenden Gender betreffend, ist fehl am Platze. Zumal vielleicht jeder Mensch ein individuelles Gender hat. Was in mir die Frage provoziert, wozu die Gruppenbildung dienen soll, wenn nicht wieder einmal, um Macht auszuüben.

Wieso Geschlechtlichkeit so in die Grammatik integriert werden „muss", wie das traditionell geschieht, warum dort nicht Sprache völlig „neutral" sein kann, solange man das wünscht, ... das frage ich mich schon eine Weile. Dass in neue Entwicklungen generell gerne mit „Volldampf" gerudert wird, erzeugt dennoch allzu schnell Missstände, wie Überforderung und Opfer an Nerven, Gerechtigkeit,... und Einbußen an Praxisnähe, da ja etwas erlernt werden soll, das manchen schwer fällt und auch Wichtigeres behindern kann.

Und: Können nur Diverse einander verstehen, unter der Voraussetzung, dass „reine" Diverse existieren? Wenn also Homosexuelle im Film nur durch Homosexuelle dargestellt werden können, zum Zwecke der Authentizität, können dann den Film nur Homosexuelle verstehen? Wird man jetzt tendenziell bestraft, wenn man zu der Gruppe der Heterosexuellen gehört?
Will man jedeN Einzelnen in eine „Blase" stecken, wo er/sie/es die Hauptrolle/Nebenrolle/Statisten/Dekor-Funktion übernimmt…?
Wenig Durchmischung, wenig Kennenlernen von eher Fremdem,... Ist ein Leben, in dem man einander aus Mangel an Austausch zwischen „unvereinbaren Gruppen/Individuen" in „Blasen" lebt, noch geeignet, intern ein Lernen voneinander zu ermöglichen? Unanstrengend ist gut, wenn man nichts Neues kennenlernt…? Wie gesagt, wenn mit Volldampf in eine Richtung gegangen wird, plättet man immer wahrscheinlicher „Unschuldige" weg, beispielsweise Leute, die beruflich eingebunden sind und für die „Gendern" zu erlernen schwierig und eine schier untragbare,

zusätzliche Belastung ist.

Man verliert einfach Sensibilität, wenn man die Gesellschaft aus einer komplett theoretischen Warte aus UND schnell ändern will. DAS ist ein Keim für Widerstand gegen jegliche, derartige Bewegung, denn manche „Opfer" lehnen sich auf, gegen das so, fanatisch einseitige, vorprogrammierte teilweise Unrecht.

Denn die InfluenzerInnen, die z.b. das Gendern voranbringen, lernen ja parallel, während andere das „gendern" erlernen sollen, auch nicht entsprechend Umwälzendes von anderen. (Durch meine Sprache bemühe ich mich um Sensibilität und Präzision. Das schließt sich jedoch abschnittsweise gegenseitig aus.)

Das soll heißen, dass Leute, die ein Schiff konstruieren, so nicht Zeit für Gendern investieren können, wie vielleicht eine InfluenzerIn, die keine Ahnung von der Berechnung von Sicherheitszahlen, Elastizität oder Statik hat. UND was ist nützlicher, ein Schiff oder eine Veränderung von Sprache, die zwar ethisch gesehen durchaus berechtigt sein mag, jedoch auch zu gewissen "Opfern" führt, gerade weil Leute, die nicht gendern wollen oder können, durch wiederum die "toxische" Ausgrenzung und Stigmatisierung, die teil:weise stattfindet, belastet sein können. Dieses Selbstverständnis, mit dem hier Menschen, weil sie alt sind oder nicht umlernen wollen/können,... regelrecht ausgegrenzt werden, ist bedenklich. Dass andere, weil man selbst sich im Recht sieht, automatisch falsch liegen, ist oft ein Irrtum. So sollten die InfluenzerInnen mal anerkennen, dass manche Argumente der "Gegenseite" ebenfalls berechtigt sind. Kompromisse und Konsens sind auch hier anzustreben. "TIT for TAT" und gewaltfreie Kommunikation sollten in der Schule zum Lehrplan gehören, wie auch Jura und anderes. Ziel ist: WIN-WIN, Konsens.

Mittels dieses Buches will ich 'n bissl was zur Debatte stellen. Daher nicht komplett ernst nehmen, auch wenn ich es recht ernst meine. Letzteres (der Ernst) ist meine Angelegenheit, das könnt ihr ganz anders halten. Ich lerne nämlich noch, da ich von einer Perfektion recht weit entfernt bin. Zudem ist meine Prägung, seitens meiner Erziehung, nicht komplett in meinem Bewußtsein und daher nicht in meinem wirklichen Einflussbereich. So bin ich für Kritik, die sensibel geäußerte Inhalte hat, recht dankbar. Ich habe meinen Teil an „Schuld" erkannt und überwiegend korrigiert. Doch da NarzisstInnen sich oft von NarzisstInnen umgeben sehen und Leute, die von „toxischem" Verhalten anderer reden sehr häufig auch „toxisch" sind…, kann ich mich irren. Meist ist das Beschuldigen anderer 'ne Möglichkeit, die eigene Pflicht zu vernachlässigen. Einfach gesagt ist Egoismus und Narzissmus meist begründet in Faulheit, das ist oft dumm und Dummheit entsteht oft aus (Ur-)Vertrauen oder Angst. Dass manche Cis-Frauen nur vom „Richtigen" als mögliche SexualpartnerInnen betrachtet werden wollen, degradiert oft andere Cis-Männer (die teils aus durch Entfremdung entstehendem Fehlverhalten/Ansichten zu „Kriminellen" erklärt werden). Diese sollen im „Idealfall" vielleicht sowieso „asexuell" sein oder werden. Ich will damit sagen, dass ein Bereich der Gesellschaft recht stark narzisstische Züge angenommen hat und nur noch die "eigene Wahrheit" kennen und verstehen will oder kann. Die "Anderen" haben, aus deren Sicht, Unrecht, weil diese Perspektive gerade Mode ist und nicht weil das Unrecht wirklich bestünde. An anderer Stelle werden die ehemaligen Opfer zu Tätern und umgekehrt. DAS wird dann als "RICHTIG" angenommen, was es meiner Meinung nach nicht ist. Ich sage nur: "Zunehmende strukturelle Benachteiligung von Cis-Jungen in der Schule".

.

„Mehr Licht!" - Wie jedeR habe ich teil:weise recht (recht recht). Aber ich weiß das.

Wenn die Natur Millionen oder gar Milliarden Jahre „überlebt" hat, und der Mensch aus der Natur stammt, ist dann nicht das, was der Mensch tut, zwingend „natürlich"? Und wie wahrscheinlich wäre ein „Versagen" der Natur, nachdem sie so viel überstanden hat UND gestärkt aus jeder Krise hervorgegangen ist?! Was ist der genaue Grund für die (scheinbare?) Fremd- und Selbstgefährdung, die gerade „der Mensch" kontinuierlich zu betreiben scheint? Bedroht sich die Natur selbst mit der Auslöschung oder einer Katastrophe? - Vielleicht, um dadurch zu lernen?! Was soll die Lehre sein?! Sucht sie einen würdigen „Gegner", durch den sie sich selbst „erkennen" kann?! Oder will sie aus Not, die sie selbst erzeugt, erfinderisch werden? Und das, während sie so schnell es geht, das Maximum an Ressourcen entnimmt? Ist dann die scheinbare Überlastung der Natur, durch den Menschen und umgekehrt, nicht eigentlich möglicherweise „Absicht" und ein sinnvolles Konzept oder sind wir einfach „alle" auf Kurs Richtung „Suizid", was unser Scheitern herbei führen würde und gleichbedeutend damit wäre, dass wir „uns" auslöschen!? Werden nicht gerade unter "Volldampf" alle Ressourcen maximal genutzt und setzt sich nicht die angepassteste Lebensform durch, damit das Leben wahrscheinlicher weitergeht? I. Kant nannte es die "gesellige Ungeselligkeit", ich sage unter anderem "kooperative Konkurrenz" dazu.

Das führt zur Frage: „Können wir das wollen, wenn wir gesund sind?" Und es beantwortet sie auch teil:weise.

Diese Arbeit soll die „Pathologie" der Zivilisation und des „Normalen" aufzeigen, ihre Ursachen beleuchten und Wege aus dieser Situation schildern, soweit das gewünscht sein dürfte. Zu vermuten, die Natur im Menschen, läge falsch, wage ich, wie erwähnt, nur bedingt, denn das wäre allzu anmaßend. Zudem führt diese Annahme schnell in Resignation, Pessimismus, Niedergeschlagenheit, Fatalismus, Fanatismus und auf ähnliche Abwege. Es ist einer Lösungsfindung tendenziell abträglich, wenn man unrealistische und starre Vorurteile hegt und ignorant gegenüber neuen Denkmustern ist. Insbesondere, wenn die alten Muster zu versagen beginnen. Meine Existenz ist latent durch meine, hier vorliegende Arbeit bedroht, da dieser Text das Privileg der Deutung der Realität durch etablierte Ideologien bedroht.

These: „Die irdische Natur ist unvollständig und damit fehlerhaft.“
Gleichsam ist es mit dem Menschen, der jedoch, an vorderster „Front“, bemüht ist, Nischen zu (er-)schließen, indem er sie teils selbst bestmöglich besetzt. Die Ebenen dieser „Inbesitznahme“ sind physischer und psychischer Natur. Das Prinzip dahinter: Wachstum, Lernen, Machtgewinn, ... der „Wille“ zu Überleben, Vollständigkeit zu erreichen, Befriedigung aller möglichen Bedürfnisse. Um das zu vertiefen, könnt ihr eure Informationen zu den Bereichen Falsifikationismus und Unvollständigkeits-theorem erweitern.
Betrachten wir zuerst die „Symptome der Krankheit“, stellt sich also die Frage, ob wir das, was wir tun „wollen können“. Eine bedeutsame Frage, welche wir im Anschluss diskutieren bis zu einer Art Fazit, mit dem ich Antworten zum Themenkomplex vorschlage. Wenn etwas am System nicht funktioniert, ist es ziemlich sicher irgendwo falsch aufgestellt, meist, weil Kompetenzen und Einsichten FEHLEN. Nicht Recht zu haben mündet in Unrecht und das erzeugt Dysfunktionalität, da daher irgend etwas wohl nicht ganz „richtig“ ist und nicht so "recht" funktioniert.
In der Konkurrenz um Einfluss, Land, Rohstoffe, ... „spielen“ wir das „Feiglingsspiel“. Das ähnelt zwei AutofahrerInnen, die frontal aufeinander zufahren und der/die, der/die zuerst zur Seite lenkt, verliert das Spiel. Wie leichtsinnig kann man sein UND sind die FahrerInnen sich bewusst, dass im Extremfall alle verlieren, auch die BeifahrerInnen, die derzeit etwa acht Milliarden BeifahrerInnen? Klar, die Mächtigen

erzeugen durch „Kultur" ein Gemeinschaftsgefühl in „ihren Gruppen".
Gerade gemeinsam begangene Verbrechen „schweißen zusammen", weil
man so Schwierigkeiten bekommt, bei „FeindInnen" Zuflucht oder Gnade
finden zu können. „Erbsünde", Kriege, Hinrichtungen, Ausbeutung, ...
sind Beispiele für dergleichen Schuldkomplexe und folgende
KumpanInnenei.

*(Gendern ist nicht meine Stärke UND das praktizierte Gendern ist selbst
nicht gut elaboriert, außerdem muss ich es manchmal persiflieren, da es
so schlecht zugänglich ist und damit bei den Verfechtern dieser Idee eine
Motivation zum "Verbessern" entsteht. Zudem hege ich die Frage: "Die
manchmal von Wichtigerem und Anderem ablenkenden Eigenschaften der
Grammatik-Diskussion, -ist diese Ablenkung erwünscht?")*

Zudem glaube ich, dass wenn Minderheiten und Gruppen wie „Kinder"
von der Politik gehört werden, das ein Zeichen ist. Ein Zeichen dafür,
dass die Minderheiten und „Kinderheiten" für die Politik arbeiten sollen.
Damit nicht der „Wille der Mehrheit" sich durchsetzt, sondern der Wille
der „Lauten" und/oder „Schwachen, die man nicht verletzen „darf"".
Diese sind dann der „Schild", hinter dem die „PolitikerInnen" ihre
Interessen gegen die Mehrheit durchsetzen. Somit wäre es EIN Ansatz,
über mehr Themen das globale Volk zu befragen, damit mehr Demokratie
möglich wird. So fände auch ein Austausch statt und mehr Gleichheit
könnte zudem für mehr Harmonie sorgen. Leider müsste eine „reiche
Minderheit" große Teile ihres „ergaunerten" Besitzes und Einflusses
abgeben. Denn sie sind nicht so viel fleißiger als andere, als dass dieser
Verdienst auchnur Ansatzweise verdient wäre. Überwiegend findet hier
sogar eine Zerstörung von Wohlstand statt, was durch Klimawandel,
Pandemien, Armut der Massen, Tierquälerei,... sichtbar wird.
In Bezug auf die verschiedenen Gruppen, GendererInnen,
KlimaschützerInnen, PopulistInnen, ... ist zu erwähnen, dass aus der
persönlichen Perspektive „quasi 99,9% der Menschen" IHR persönliches
Narrativ, warum gerade sie „richtig liegen" stark begründen können. In
mehr als 99,9% der Fälle liegen Leute aber auch teils falsch, was schwer
gegen Widerstände zu beweisen ist, denn man kann sich in ideologischen

Konstrukten schnell verlieren, gerade, wenn man ein verständnisvoller Mensch ist oder jung. Verständnis kann erkennen, dass andere teil:weise Recht haben, doch man hat auch selbst quasi "immer" teils Recht. Das Mittel der Wahl, um das jeweilige Ausmaß zu beurteilen: Verstand und Zuhören, sowie ein Teilen der persönlichen Lebensverhältnisse und Denkweisen anderer. Ja, mehr Menschen sollten, zumindest temporär, miteinander Leben und sich und ihre Lebensumstände so teilen.

Hinweis: Sobald „kognitive Dissonanz" bei GesprächspartnerInnen einsetzt, besser nicht mehr weitere ihrer fehlerhaften Punkte aufzählen, denn sonst machen GesprächspartnerInnen schnell „dicht".

Bestimmte "Wahrheiten" der Vergangenheit "bröckeln". Neue Konzepte tun Not. In dem Sinne wäre es, beispielsweise gut, mal über die Vorteile transparenter Wahlen nach zu denken und über die Nachteile anonymer Wahlen. Wenn WählerInnen nämlich für ihr Wählen haftbar wären oder auch zu einer Debatte über ihre Haltung gebracht werden könnten, das wäre auch nicht nur schlecht. Derzeit kommt die Notwendigkeit von umfassendem Wandel immer schneller auf uns zu, beziehungsweise die Notwendigkeit, anders als zuvor zu handeln.

Die „Mächtigen" üben ein immer weniger funktionierendes Konzept aus, und werden zunehmend weniger passend reagieren und agieren. Man merkt, wie Politik unglaubwürdiger wird und Wissenschaft glaubwürdiger, im Moment. Das ist dann auch der Moment, an dem eine „wirkliche Demokratie", eine globale Verwaltung kleiner, möglichst autarker „Kreise"/„Mini-Staaten", eine egalitäre und transparente Überwachung, ... erst eine direkte und zunehmend demokratische Lenkung und weitestgehende „Gerechtigkeit" ermöglicht. Zumindest in der Theorie. (Dass Wissenschaft langsam selbst zu Wissenschaftsglaube tendiert, erwähne ich nur mal.)

Unser aller Arbeit macht aus der Theorie vielleicht eine Realität, die gesicherte Informationen bereithält, im Sinne einer funktionierenden Handlungsgrundlage. K.I. kann assistieren, unsere natürliche Intelligenz unterstützen, entwickeln und freilegen helfen. Dies sind nur meine Vorschläge, die gültig sind, wenn man Manipulation auf dem Weg zu einer „potentiell totalen Überwachung" ausschließen kann!!! Das „Netz" ist gleichsam ein „wilder Westen", in dem wir Natives und SiedlerInnen, Sharafs und Sheriffs haben, sowie RäuberInnen und Saloons. DORT muss zwingend geklärt werden, wie man auch im Virtuellen „Recht" findet und herbeiführt.

Meine Arbeit soll demnach in einer Übergangsphase der Allgemeinheit dienen und der Allgemeinheit recht gut zugänglich sein. Denn es ist entscheidend, dass wir uns nicht länger durch schlechte gesellschaftliche Strukturen zu fehlerhaftem und/oder falschem Verhalten nötigen lassen, zumindest ich wäre gerne „korrekter". Wenn aber von einer Mehrheit akzeptiert wird, dass der Staat implizit und vielleicht explizit lügt, kann das nur zu Unrecht führen. Und ich bin schon einmal gegen Unrecht. Egal, ob das Unrecht zu Gunsten von manchen Gruppen „gut gemeint" ist. Denn mit destruktivem Egoismus, der nicht alle einzuschließen bemüht ist, zerstört der Staat seine Handlungsbasis, denn er erblindet und wird Richtung „Kriminalität", "Lüge" und "Glaube" rücken.

Wenn manchen mein Text „zerfahren" oder „unzusammenhängend" vorkommt, liegt das daran, dass ich zwischen so ziemlich allem Zusammenhänge sehe.

Die Fehlersophie, die ich "freigelegt" habe, sagt schließlich aus, dass quasi nichts vollkommen ist, da Systeme ineinander greifen müssen, um (temporäre) "Ganzheit" zu bilden und Wandel zu ermöglichen. Dafür benötigen sie Lücken, an denen andere Bereiche anknüpfen. EIN Buch zu lesen ist ja 'ne schöne Sache, jedoch sind die meisten Bücher linear. Sie führen von Punkt „a" nach Punkt „b", zu "c",... -Räume zu denken, erfordert Bücher, wie dieses oder das parallele lesen von dutzenden Büchern. Das Verknüpfen ist dann die SINNbiose (Anspielung auf altgriechisch "Sym-" deutsch "zusammen" und altgriechisch "-biose" deutsch "Leben"). Durch das Erkennen der Gültigkeit von quasi "Allem" wird ein oft von Tendenzen geprägtes Leben in Akzeptanz des wahrscheinlich gerade "Vernünftigen" eher möglich. Denn zwar hat, bis auf total Destruktives, alles SINN. Jedoch das Ausmaß des Sinnes schwankt und ist stetig neu zu bemessen. Kommunikation ist ein Mittel zur Einschätzung, wie auch Erfahrung und anderes.

Kognitive Dissonanz I: „So lange man den Nebel sieht, ist man noch nicht blind."

Wie macht sich die Problematik in der Kommunikation, der Wahrnehmung und im Verhalten bemerkbar? Warum werden „Shitstorm" und andere Formen des „Mobbings" von manchen der offenen Diskussion vorgezogen?

Wieso akzeptiert man nicht, dass manche das „Normale" hinterfragen und daher erst spät erkennen, dass das Fehlverhalten ihrerseits und anderer zu großen Teilen Folge gesellschaftlicher Fehler ist? GewaltopferInnen werden häufig TäterInnen, weil sie die Ursache des Widerspruchs verstehen lernen wollen. Wieso wird die Struktur hinter quasi allem Geschehenden nur von wenigen teils durchschaut?

Diese Punkte gehören strukturell zum hier behandelten Genotypus der Problematik, wenn Mensch betrachtet, welche Funktion die sichtbaren, phänotypischen Bestandteile erfüllen. Die Lösung ist nahe, jedoch versuchen mächtige Einzelne bis Gruppen, ihre „Interessen" in einem kommenden System, wieder auf Kosten der Mehrheit, zu wahren. Doch keine Angst, alles steuert auf eine Lösung zu, auch in diesem Text. Wer sich für unfehlbar hält, hat oft kein Verständnis für Andersdenkende, das kann der betreffende, selbstkritischere Mensch zu seinem Vorteil nutzen. Fehlendes Verständnis bedingt nämlich fehlenden Verstand. Ich sehe überall teil:weise Sinn. Gestern auf einer Geburtstagsfeier, meinte ein Gast, er sei sehr tierlieb und in vielen Tierschutz-Vereinen organisiert, aber diese Person isst gerne Fleisch, was doch häufig in Zusammenhang mit Tierquälerei und Tiermord steht. Wir alle basteln uns Rechtfertigungen für unser Handeln, (in der Regel) teil:weise logische. Doch es gibt manchmal logischere und richtigere Handlungsweisen als die, die wir gewohnt sind.

DENN: Hinter all diesen Sicht-und Handlungsoptionen steckt eine gewisse Dynamik.

• Good Cop, bad Cop (Gut-Böse vs. Gut-Schlecht;- Urteilen und Glauben und Wünschen vs. Denken und Hinterfragen und Entwickeln).
(- Keine Angst, der Text erklärt sich zu großen Teilen selbst, setzt aber eigenes Denken voraus. Ich will nicht, dass ihr nur NACH-denkt, was ich vor-denke. Eure Mitarbeit wird erbeten.)
Es ist teils eine Sympathie für Kriminelle und eine Antipathie gegenüber dem Staat vorhanden. Da man die Kriminellen, in ihren „Nöten" und „Bedürfnissen" teils besser versteht, als den teils „verbrecherischen" und "abgehobenen" Staat. Warum das so ist, erläutere ich später, wenn ich mich erinnere. :D

• Machotum, Misogynie, Homophobie, Islamophobie (und in der Folge: Anbiedern bei den VerursacherInnen der Angst, der Befremdung daraus resultierend,...) und die Gefahren, das nicht Verstandene in der Natur und der Gesellschaft (früher der Appendix, das Präputium, die Unkräuter, die Linkshändigkeit, Transgender, Krankheiten, Kriminalität, Fleischkonsum (Tiere essen), ...) durch fehlerhaftes und unpassendes Verhalten zu zerstören oder zu schädigen, weil man den Nutzen dieser Optionen (innerhalb der Natur) noch nicht erkannt hat. Die „Reinheit" der Kultur(en) schließt Un(ter)menschen aus, sowie Unkräuter, Ungläubige, Unarten, Unartigkeit, Ungeziefer, ...: - unglaublich!!!
Was ich damit sagen will, dass sich eigentlich IMMER das, was man nicht von der Natur versteht, doch irgendwann als irgendwo sinnvoll herausstellt. Daher ist ein Vernichten von Natur und Natürlichem so gut wie immer fatal und führt zu Problemen. Doch so wird auch erst eine Weiterentwicklung möglich.

• Tierquälerei, Naturzerstörung, (wirkliche, destruktive) Krankheit, „Pathologie der Selbst- und Fremdgefährdung", Dummheit als Waffe (so dumm, dass man als kluger Mensch kaum Licht ins Dunkel bringen kann), Faulheit (Aktienhandel, Krypto-Währungen, Börsenspekulation mit Lebensmittel-Wertpapieren, ...) die Andere in Armut drängt, Angst, Selbstindoktrination „Verwissenschaftlichung des Konfliktes"

(Rechtswissenschaft, Psychologie, Soziologie, Politik, Theologie, ...) so, dass er schwerer erkennbar wird (siehe „Dummheit"), Egoismus mit suizidaler Tendenz, Simulakren (Internet, Fluchtliteratur, Musik, ...), Mord durch Soldaten oder durch Scharfrichter, durch Autofahrer, Raucher,...

Ein Vorteil bei der Selektion der an das Unrecht angepassten Leute für ein wahrscheinlicheres Überleben, hat als Folge: „Vernichtung" der Opfer, Kritiker, Abweichler, Schwächeren, ... sowie Aufrüstung, auf allen Seiten und dadurch die Folgen: Destabilisierung auf ökologischer UND ökonomischer Ebene UND in der Psyche. Und das sind auch nur einige Beispiele.

Kurz: Die Ideologien zerstören manchmal einfach das, was sie stört. So werden und/oder wurden Homosexuelle, Obdachlose, Indigene, Veganer, Kommunisten, ... verfolgt. Aber auch Gruppen wie „AfD-WählerInnen", „QuerdenkerInnen", „AluhutträgerInnen", „VerschwörungstheoretikerInnen" kommen, selbst wenn sie sicher nicht 100% richtig liegen, nicht zu ihrem Recht, wenn sie mal richtig liegen, was sie in Extremismus treiben kann. Mensche, die dem manchmal häufiger falsch liegendem Staat nicht trauen, bekommen doch Beklemmungen, wenn der Staat etwas gegen ihren Willen durchsetzen will.

Ich reduziere hier die für ein Verstehen hinderliche Menge an Information und Komplexität.

• „Gutes Geld" an der Börse erhalten, ohne selbst entsprechend dafür gearbeitet zu haben. D.h. jemand anderes muss dafür die Gegenleistung bringen, durch „seine/ihre" Arbeit oder den Verkauf „seiner/ihrer" Rohstoffe. DAS ist "toxisch".
DAS ist eine riesige Baustelle, die zur Wüste werden kann, zumal es eine gangbare Alternative gibt.

• Ein „Gutes Stück Fleisch" zu kaufen, mit allen negativen Folgen,

KANN man nur seltenst sinnvoll rechtfertigen. Denn quasi nur AllergikerInnen, die bloß Fleisch vertragen, haben derzeit einen sinnvoll nachvollziehbaren Grund, der ihren „erlauben" würde, Fleisch zu konsumieren. Menschen mit Eisenmangel oder Mangel an verwertbarem Vitamin B12 müssen abwägen. Das Leid der Tiere ist „nur" EIN Argument. Ein anderes: Die Landwirtschaft ist der größte „Umweltsünder" (über 70% der Schäden gehen, glaube ich, auf ihr Konto). Der Anbau von Soja, ... für die Tiermast, macht davon, soweit ich informiert bin, auch über 70% aus, manche Quellen sprechen von über 80%. Bedeutsam ist auch diese Information: Währenddessen hungern Menschen, weil Fleisch so „ineffizient" ist. Mit „ineffizient" meine ich, dass ein mehrfaches an Kilo an Pflanzen-Masse verfüttert werden muss, um ein KIlo Fleisch zu „produzieren".

So ist die Fleischindustrie eine Haupt-Ursache für Hunger. Die zerstörerischen Aspekte der „Misshandlung" von Tieren, des Antibiotika-Einsatzes, der Überdüngung von ganzen Flüssen UND Meeren(!!!), des Grundwassers, ..., die „Verrohung von Menschen" (gerade MetzgerInnen), ..., die Gesundheitsrisiken des Fleischkonsums, ... auf all das kann ich hier nicht detailliert eingehen. Auch, dass die Tierhaltung ein „Treiber, eine TreiberIn" der Pandemien, des Klimawandels, ... ist, will ich nur einmal erwähnen. Von Konstrukten, die zu Problemen führen, wie Agrarsubventionen und Überdüngung der Felder, rede ich da nur im Ansatz.

Ich selbst konsumiere Käse aus Milch, der mittels „mikrobiellem Lab" hergestellt wurde, das ist ein Kompromiss. Im Bereich „kognitive Dissonanz" sind zu bedenken, dass „Tiermord" im Verhältnis zur „Tierquälerei" geringer bestraft wird, die „Gründe" sind mir klar. Doch was genau ist die logische Herleitung, nachdem ich das hier ein wenig beleuchtet habe, UND wenn man in Betracht zieht, dass zumindest einige Tiere Gefühle und ein gewisses Bewußtsein haben dürften? (Pflanzen und Bäume oder Wälder sind eventuell auch irgendwie "bewusstes Leben", auch sie sind zu schützen.) Doch Menschen müssen auch von etwas leben. Ja, so komplex ist das Thema UND so konfliktbeladen.

Was ist der Grund, das "Quälen und Töten von Tieren" vom „Menschenmord" und „Folter" zu unterscheiden?! Und wie gesagt, auch Pflanzen haben eventuell teils Gefühle und vielleicht Bewußtsein. Da aber für Fleisch viel mehr an Pflanzen draufgeht, wähle ich das geringere Übel. Dass ich mich nicht mit Wasser allein ernähren kann ist doch klar. Irgendetwas muss Mensch essen, wie gesagt: „Wählt, so lange man Tiere/Pilze/Pflanzen/… essen muss, das geringste Übel!!!"
Ja, der Mensch ist ein Allesfresser, wobei ich noch nie einen Menschen sah, der ein Reh gerissen und roh verzehrt hätte. Und in Höhlen leben wir auch nicht mehr, eine Entwicklung, die vielleicht Angst macht aber auch ihre Vorteile bot und bieten kann.
Demnach hat der Mensch überwiegend schon sein natürliches Verhalten modifiziert. Wieso nicht weiter gehen, gerade, weil „Fleisch aus der Petrischale" auch irgendwann eine Option ist? Die Toten durch falsche Ernährung und/oder Hunger sieht man nicht so oft in den Medien. Gequälte Tiere auch nicht. Wird ein Pferd bei den olympischen Spielen geschlagen, ist mehr Reaktion zu bemerken. Doppelmoral?!?

(Dieser Text versteht sich überwiegend als Erörterung. Ich bemühe mich, den bestmöglichen Weg zwischen den Extremen frei zu legen. Indem ich ihn teils gehe.)

• Virtuelle Welten, in denen die kranken, bösen, hässlichen Leute und Wesen „gekillt" werden sollen und dürfen. Wenn das "uncanny valley" überschritten wird also virtuelle Welten in unserer Wahrnehmung von der Realität nicht mehr unterschieden werden können, wohin entwickelt sich unsere Ethik? Roboter als FeindInnen oder PartnerInnen. Reisen, ohne den Standort zu verlassen. Aufregende Abenteuer in Phantasiewelten erleben.

• Prostitution und Leihmutterschaft, ..., die den ProfiteurInnen und TreiberInnen (meist Cis-Männer, da diese, derzeit noch, mehr Einfluss besitzen) des Unrechts Sex und Fortpflanzung erlauben, mittels des stark mit und zu Unrecht (Unrecht abgeleitet zu: nicht richtig) erworbenen Wohlstands.

Das ist nur die Spitze des Eisbergs, denn der überwiegend in den Händen von wenigen befindliche Wohlstand garantiert dieser kleinen Gruppe einen Vorteil bei der Partnerwahl. Das ist etwas, das man „strukturelle Prostitution" nennen kann. Ärmere Menschen können so daran gehindert werden, einen passenden Partner/eine passende Partnerin zu finden, was zu zusätzlicher Unzufriedenheit führen kann und tendenziell führt. Dass durch eine Fortpflanzung der Dissozialen sich vielleicht das Unrecht genetisch festsetzt, ist problematisch. Es wäre doch besser, wenn nette Leute weiterkämen …?!

Was ein, zu unrecht, größerer Einfluss der Reichen bewirken kann, zeigt sich auch bei der politischen Wahl.

• Die „gewollte", quasi immer bei quasi allem vorhandene „teilweise" Überforderung und die Bewältigungsstrategien von Gewalt bis Kreativität, Chaos bis Ordnung, ... führen zwar zu einer Zunahme der Kompetenz (mental bis physisch), jedoch ist das mit Unrecht und Leid verbunden.

• Autos sind für viele Leute notwendig gemacht worden. Im „Krieg" gegen andere Staaten/Systeme, in der von einer Mehrheit „stillschweigend geduldeten und nicht hinterfragten" Konkurrenz, zerstören wir vieles an natürlichen Gütern. Der Staat ermöglicht eine „Entlastung von dieser latenten Angst vor „FeindInnen"", indem er gegen die bedrohlich wirkenden Staaten, Ideologien, dem Fremden „im Fußball gewinnt", in „deren" Läden einkauft, dort „Markenprodukte" platziert, dort „unsere Ethik" durchsetzt, dort „böse Leute" tötet, ... Wie das damit Aufgezählte, akzeptieren wir auch Autos, Straßen, KFZ-Steuer, Verkehrsregeln, ... als „normal", weil „UNSERE" Gesellschaft so die anderen dominiert. Der „Stress" und andere Folgen, den/die das AutofahrerInnen in der heimischen Natur, der ökologischen und sozialen Umwelt verursacht, tragen unsere ArbeiterInnen in Fabriken, unsere

SoldatInnen, ... dank unserer öko-nomischen und militärischen und technologischen Überlegenheit, nach außen. Dass AutofahrerInnen, SoldatInnen, Feuerwehrleute, ... irgendwie auch HeldInnen sind, die andere Ideologien (Kultur-produkte) am Eindringen hindern und bisher hinderten, macht immer weniger Sinn und scheitert auch zunehmend. Hier ist Bedarf an alternativen Konzepten vorhanden.

• Begriffe werden umgedeutet: Aus Autos, die weniger umweltschädlich als andere sind, werden angeblich „umweltfreundliche" Autos. Aus der Tatsache, dass man weniger Geld für einen preisreduzierten Smart-TV ausgibt, wird „bei diesem Kauf Sparen sie" abgeleitet. Für teils absurde gesellschaftliche Entwicklungen vergibt man das Label „neue Normalität". Aus Fake-News werden „alternative Fakten", will man manchen Politikern und Journalisten glauben. Ärmeren Leuten verpasst man das Prädikat: „sozial schwach". Lasst nicht zu, dass ihr dauerhaft getäuscht werdet, indem man die Kommunikation verfälscht.
Von der „Erbsünde" und „Schuld", die uns auch gedanklich verbindet, jedoch künstlich konstruiert und erzeugt wird, damit wir arbeiten, „befreien" uns „Öko-Labels", „Bio-Produkte", „Gutmenschentum", „Veganismus", „CO2-Steuer", „Spenden an Arme", ... das ist „Ablasshandel"! Aber in der Richtung liegt auch, sehr sicher, eine Lösung.
Dass ein Land alleine nicht viel bewirkt, ist kein Grund nicht zu handeln. Dass andere Nationen sich, wenn wir zurückstecken, die von uns nicht beanspruchten Rohstoffe, zu unserem Nachteil, einverleiben, DAS ist grausame Realität. Mein Konzept der „freien Überwachung" greift theoretisch auch hier. Um alle an Fehlverhalten hindern zu können oder geschehene „Verbrechen" ahnden zu können, benötigen wir ein globales System, das keine unnötigen Unterschiede zwischen Menschen, von ihrem "Wert" her macht. Und das, damit das politische und damit soziale und auch das natürliche System nicht zu stark kippt, wie das derzeit zu geschehen droht. Menschen müssen Verantwortung tragen lernen, das erfordert das Eingehen von Risiken, denn man muss ihnen ein gewisses

Maß an Macht geben, um zu sehen, wie sie damit umgehen. Unmündigkeit ist direkte Folge von Bevormundung.

• Gerade Cis-Männer, vor allem, wenn sie die Struktur in der sie verhaftet sind, nicht überblicken (oft aus Angst, die in „Formen der Entfremdung" mündet), werden unangenehm. Ob sie „ungepflegt" oder „Flegel" oder „Stalker", „Machos", ... werden oder ob sie „Messies", „Stubenhocker"; „Nerds", ... werden oder Anteile dieser Abweichungen annehmen, ist nur sekundär von Bedeutung. Interessant ist, dass dies eben Symptome einer „kranken" Gesellschaft sind, die sich aber auch deswegen in einer Art Wandel befindet, der eine oder verschiedene „Formen der Transformation" annimmt. Dass gerade das Verhalten von genetisch männlichen Kindern oft von häufig genetisch weiblichen ErzieherInnen als „toxisch" bewertet wird UND warum das überwiegend so nicht richtig beurteilt ist, versuche ich ebenfalls zu illustrieren. In dem Kontext erklären sich alle Phänomene als nachvollziehbar und wenige als falsch. Denn die problematischen Dinge weisen auf die Misere UND ihre Lösung hin.

Einfach weiterlesen.

• Cis-Männer, Cis-Frauen, Tansgender, Homosexuelle, Demokraten, Muslime, ... gibt es quasi nicht in „Reinform". Wie so oft, befinden sich Einstellungen in der Natur „im Fluss", genauso ist es mit der „Kultur". Nahezu alles ist nur in „Tendenzen" vorliegend und kann sich zudem wandeln. Das ist ja gerade die Basis von Verständnis UND Verunsicherung. Gerade das Erstellen von „nahezu digitalen" Ja-Nein, An-Aus, ...-Mustern, führt quasi automatisch in Entfremdung und die folgende Verunsicherung kann in Fanatismus, Härte (Hartherzigkeit), ... führen. Am Ende steht sehr häufig dann Perversion, Gewalt, ... und die gesellschaftlichen sowie psychischen Reaktionen darauf, welche in Lösung aber auch in weiterer Druck münden können.

Bemüht euch, „schwingungsfähig" zu sein.

Kognitive Dissonanz II: Was uns so sehr irritiert, dass wir es meist verdrängen.

• Wenn „Gottes Wort" uns ein „Heil" verspricht, warum wählen die Kranken, Klugen, Armen, Guten, ... es nicht einfach? Wenn die „Erlösung" erreicht werden soll, muss das Erreichen derselben doch auch möglich sein. Für jedeN, jederzeit. Eine Freiheit, die „Gott" uns gibt, die uns nur einschränkt, entspricht zumindest nicht meiner Auffassung von Freiheit. Das Gefängnis ist ja auch kein Inbegriff von Freiheit, nur weil man ansonsten hingerichtet würde. Oder die Burka: Sie ist kein Zeichen von Freiheit, wenn sie einem EINGESCHRÄNKTE Rechte „gibt". Mensch sollte frei entscheiden ob er/sie/es Kleidung trägt und wenn Mensch Kleidung tragen will, soll die Wahl so frei sein, dass nur die Rechte anderer nicht gegen deren Willen geschädigt werden dürften. Oder warum reden die Religionen so oft von einer Freiheit? Freiheit von Vernunft kann auch als „Dummheit" interpretiert werden. Das Drohen mit „Hölle" und das Locken mit „Paradies" widersprechen dem Konzept „Freiheit". Warum werden die religiösen Texte uns nicht als Alternative, zur freien Wahl einfach, ohne Angabe des „Autors" ins Gedächtnis gegeben?
Wir können doch erst wählen, wenn es wählbare und praktizierbare Alternativen gibt. Wieso muss Menschen „Gottes Wort" (wahr-scheinlich nur die Wahrnehmung der „Stimme" des Bewusstseins, die als „Gottes Stimme" interpretiert werden, wenn man religiöse Texte liest oder betet) gegeben werden? Wieso muss seine/ihre Botschaft gelesen, gehört, ... werden? Wieso übersetzen, natürlich Menschen, die Texte (teils fehlerhaft)? Wozu muss das dann gedruckt, hochgeladen, ... interpretiert, ... werden, damit es in der jeweiligen Situation, mehr oder

weniger Sinn ergibt? Sind nicht Zitate aus diesen Texten IMMER „aus dem Zusammenhang gerissen", ist der Unsinn in diesen Texten, gerade die Aufforderung zu Mord, Vergewaltigung, physischer und psychischer Strafe, Strafe nach dem Tod, Opfern, ... nicht einfach ein klares Zeichen, dass es Menschen schrieben? Wenn z.B. die Bibel prophetisch sei, warum warnt sie uns erst "nach" Ereignissen vor diesen Geschehnissen? Macht Religion nicht erst in einer Einordnung Sinn, wenn man sie als Konstrukt sieht, das Menschen erziehen und zusammen-arbeiten lassen soll? Und sind die Mächtigen in der Welt nicht gerade die „FührerInnen und VerführerInnen" in Richtung der vorherrschenden Ideologie (z. Zt.: Kapitalismus, „Demokratie", Weltreligionen, ...)? Ist der Teufel nicht bloß eine „Sündenbock"-Konstruktion, die die falsche „gut-böse"-Weltsicht halbwegs sinnvoll machen soll? Der Teufel wird, ohne ihn toll finden zu wollen, für alles, was nicht funktioniert, verantwortlich gemacht. Man lädt ihm, dem "Morgenstern" (Venus, Planet der Liebesgöttin) alle Schuld auf... "Gott" scheint das Böse nicht verhindern zu können oder wollen und nutzt es scheinbar, wenn es irgendwie "Sinn" ergeben soll, um sich als "Guter" zu profilieren. Seltsam, wenn man das glauben sollte.

Vom „Demiurgen" der Katharer berichte ich nicht weiter, schlagt das mal nach, ist aber eine recht gute, im Sinne von: „weniger gut durchschaubare Konstruktion", verglichen mit den meisten großen Religionen. Dass ein Allmächtiges Wesen von einem Teufel getäuscht werden können soll…, empfinde ich als zutiefst widersprüchlich. Dass ein gütiges Wesen DAS (ganze Leid der Babys, Kinder, Tiere, Frauen,...) zulässt, ist doch eher einfach Nonsense. Jegliche, schmerzhafte "Prüfung" eines Menschen ist doch auch für ein Wesen, das alles weiß und jedes Leid sinnvoll verhindern könnte, obsolet. Spielt etwas oder Jemand mit uns oder sind nicht „Evolution" und andere wissenschaftliche Modelle, wenn sie auch noch nicht perfekt sind, schlüssiger? Denn Wissenschaft funktioniert überwiegend. Auch wenn wir alle teils noch schlecht damit umgehen können und sich gerade ein "Wissenschaftsglaube" bildet. Letzteres sieht man daran, dass auch viele WissenschaftlerInnen nicht jedes Experiment nachvollzogen haben oder verstehen.

Die kleineren inneren Widersprüche der Religionen werde ich weitestgehend auslassen, da Atheisten dazu genügend öffentlich zugängliches, wenngleich auch teils falsches und fehlerhaftes Material, anbieten. Ich sage nur: „...keine anderen Götter" neben „Gott" haben dürfen, während es nur „einen Gott" geben soll, wie ergibt DAS Sinn?! Oder die Frage: Wie kann etwas ohne und gegen den Willen eines allmächtigen, allwissenden, ... gütigen „Gottes" geschehen (dazu mal Epikur lesen)? Ein "Gott", dessen „perfekte Schöpfung" lernen muss und Fehler macht, die „Gott" teils überraschen?!

(Wenn ich 'ne perfekte Mathematikklausur abgeliefert habe, war diese fehlerfrei! Komisch-seltsam?!)

Lest mal Bücher, die NICHT eurer Meinung entsprechen, DA lernt man. Das was man weiß, kann man schlecht lernen, nur verfestigen, selbst wenn es falsch ist.

Mein Lieblingsthema ist: Evolution.

Die Notwendigkeit von „Almosen", „Kirchensteuer", ... ist vielleicht noch ein Indiz dafür, dass wieder mal „der Mensch" zu einem Verhalten gebracht werden muss, um Fehler des Systems zu glätten. Dass Menschen krank werden UND „Gott" Leute senden muss, die (nicht immer so super kompetent) helfen, könnte man, wie gesagt, als Maßnahme sehen, den Glauben zu mehren. Indem man Leute krank macht und damit auch teils quält, um als Heiler hinterher supi da zu stehen. Oder funktionieren manche Medikamente deswegen besser als Gebete, weil die Wissenschaft eher „Gottes Wege" ergründet, als Religion das kann…?!

„Gottes Wege sind unergründlich.", was macht Wissenschaft denn sonst, als „Gottes Wege" zu ergründen?! Ist, wenn die „Sintflut" real wäre, das nicht ein „Massenmord", wo doch Menschen sich an „Du sollst nicht töten." halten sollen?! Vorbildfunktion? Und was hat dieser Massenmord gebracht, wenn "Noahs" Nachkommen auch wieder die Fehler machten, die "Gott" angeblich beenden wollte, aber scheinbar nicht konnte.

Und ein Allmächtiger/eine Allmächtige/ein Allmächtiges, der/die/das die eigenen Gebote einhalten könnte, ohne die Leute an ihrem „Recht, vielleicht lieber zu sterben", zu hindern (freiheitlich?), ist der/die/das dadurch nicht schon als „Paradoxon" entlarvt? Wofür sollen bei der „Sintflut" die ganzen Tiere und Pflanzen, Kinder ersäuft worden sein? „Sodomie" (Sex mit Tieren?), Verstoß gegen Alkoholverbot, falsch Parken,...?! Das ist doch sowas von widersinnig! Woher kam das Wasser, wohin ist es gegangen (bitte mal eine wissenschaftliche Erklärung)? Warum sind nicht einfach allein die „SünderInnen" am Sünden gehindert worden oder schlimmstenfalls NUR diese Leute ermordet worden?

(Ich weiß, dass Gläubige manche meiner Satzkonstruktionen noch schlechter verstehen, als der Durchschnitt. Sorry, ihr tut mir leid (an).)

Und der Regenbogen ist ein Zeichen, dass Gott dem Menschen verspricht, nicht noch einmal so viele unnötig zu töten.

(Wenn er/sie/es allmächtig wäre, hätte er/sie/es es anders lösen können, ohne Freiheit, ... einzuschränken!!!).

Ein Regenbogen wird übrigens durch Lichtbrechung erzeugt, für die wissenschaftlich nicht so Informierten.

Wenn angeblich alles eineN SchöpferIn braucht, wieso sollte dann "Gott" eine Ausnahme sein?

Sind die „Götter" der Religionen nicht zu großen Teilen arge, willkürlich zu agieren scheinende „Psychopathen", die teils extrem „Dissoziales" und „Unsinniges" tun? Außerdem sind sie, selbst, wenn die Religionen vorgeben, das sei nicht so, stark vermenschlicht. Denn der Mensch kann sich das ja gar nicht so leicht anders vorstellen, als mit dem was er kennt. Oder habt ihr irgendwo Erklärungsmodelle für „Charakter", die außerhalb dessen liegen, was der Mensch charakterisieren kann? Das Stichwort hier: „Anthropomorphisierung". UND: Wieso kann sich solch ein „Gott" nicht an seine eigenen Regeln halten, so als eine Art „gutes Vorbild", (Du sollst nicht töten. - Sintflut), isser vielleicht nur ein „imaginärer „Freund/Feind""? Wonach strebt und eifert ein allmächtiges Wesen? Und kann ein allmächtiges Wesen nicht mal 'n Krieg gewinnen (das ist keine Aufforderung, wieder n Krieg anzufangen!)? Oder warum endet der „heilige Krieg" seit Jahrhunderten, meiner Meinung nach, nachweislich nicht? Ist da Trotzphase angesagt, weil man nicht sehen will, dass ein Modell, in dem man der/die/das Auserwählte sei, versagt?

Wollte nicht einfach der Mensch mit "Gott" einen Teil der Geschehnisse auf der Welt erklären, weil Plattentektonik, Meteore, Tsunamis,... noch nicht so deutbar waren, wie das heute möglich ist?

„Gott" als reine Idee gibt es, man stellt sich dieseN auch irgendwie vor. Doch die religiösen "Mechaniken" hinter dieser angeblichen Macht haben seit Jahrhunderten nicht viel hervorgebracht. Außer von Seiten der Kritiker der Religion. Diese, oft vernünftigeren Leute, konnten in Wissenschaften und/oder „Philosophie", „Psychologie", ... (wenn man die nach dem „und/oder" genannte Gruppe von Disziplinen nicht als Wissenschaft sehen sollte), viel mehr nützliches vorweisen. Wenn auch nicht selten „animiert" durch Glaube oder der Angst vor einem „Regiment der Religion". :D Das heißt, dass die Angst vor den religiösen Strukturen und deren relativer Willkür die Wissenschaft stark angetrieben hat.

Also kann ich, wie gesagt, nicht behaupten: „„Gott" gibt es nicht!", denn das Wort und die Idee existieren ja. :D

Wieso es noch GläubigInnen gibt, ist einfach erklärt: Viele KinderInnen werden so, in der Annahme erzogen und können kaum da heraus. Und in manchen Ländern ist der ganze Tag für viele mit Beten, Waschen, „darüber" Reden, andere „denunzieren", Hinrichtungen, Argwohn, Fanatismus, dementsprechend „gefärbten" Nachrichten, ... gefüllt. Da bleibt wenig Zeit, „Satanische Verse", Epikur, Descartes, Spinoza, ... zu lesen... (das wäre ja auch Unsinn! (Ironie))! Ist halt auch irgendwie traurig, dass Allmächtige Karikaturen über sich selbst zulassen, weil sie vielleicht nichts dagegen tun können. Wäre ich allmächtig, würde ich nicht warten alles „Böse" zu beenden. Und, weil ich ein guter Gott sein könnte, so mit Allmacht ausgestattet, wäre ich das auch. Denn wer alles haben und tun kann, könnte auch richtig großzügig sein. So könnte ja auch nur mein Wille geschehen, ich wäre sehr gechillt, würde nicht missionieren und meine Kinder verantwortungsvoll behandeln, Menschen allgemein meine ich damit aber auch alles andere Leben. Leute, die angeblich meinen Willen tun und morden, schreien, heulen, beten, für "Gott" ihre Zähne putzen und sich Hautstücke abschneiden,... für die würde ich 'n großes Haus bauen, mit großem Garten und chilligen Medikamenten. Da könnten sie ihre Ideen mal überdenken ... Gespräche und etwas Bildung wären supi! Vielleicht mache ich aber einfach mit meiner tollen Macht von Anfang an alles richtig. So wäre der Unsinn gar nicht nötig gewesen. Ich kann das! Allmächtige sind nämlich allmächtig und da ist ja dann jeder quälende Unsinn eins: Unsinnig!

Weiterführende Fragen:

• Noch einmal weg von der Religion. Warum gehen Menschen die Risiken des Straßenverkehrs ein? Manche fahren sogar jenseits der, erwiesenermaßen Risiko mindernden Regeln, die sogar Stau vorbeugen würden, hielte jedeR sie ein!
Ist der „Schaden für die Umwelt", das heißt, für die ökologische (Rohstoff-Abbau von Rohstoffen, die Allgemeingut sein sollten, mit seinen Giften, ...; Straßen, die Boden versiegeln; toten Tieren; ...) und soziale Umwelt („Konkurrenz um Jobs, Partner, ...", einzuhaltende Regeln für Fußgänger auf Straßen, ..., Stress durch das Fahren, Krankheit durch Abgase, ...) wirklich von der Mehrheit gewünscht UND gerecht oder „ein Symptom einer Krankheit"?

• Was ist mit den, schlicht tendenziell suizidal zu nennenden „Rauchern"? Versteht da jemand das „Denken in Tendenzen" nicht und sagt sich, „wenn einer als Raucher Hundert werden kann, ist erwiesen, dass es nicht gefährlich ist!"? Was würde man machen, wenn Raucher, statt zu rauchen, Russisches Roulette spielten?! Mit 'ner Belohnung, wie ein Kilo Süßigkeiten, hinterher? Ist zwar n bissl arg konstruiert, passt aber noch ganz gut, als Vergleich. Wer würde DAS noch als sinnvoll empfinden?!

• Würde eine deutliche Reduzierung der Schusswaffen in den USA auf, sagen wir mal ein Ideal von Null, die Anzahl der Toten, gerade bei Amokläufen, nicht beinahe ebenso deutlich reduzieren?

(Selbstverständlich sollen die Schusswaffen nicht durch andere Tötungswerkzeuge und Tötungstechniken ersetzt werden.)

• Würde eine Erziehung zu mehr Mündigkeit und auf mehr Möglichkeiten im Denk- und Verhaltensrepertoire und das auch in Extremsituationen, nicht vieles erleichtern…? Theoretisch?! Dazu könnte man „Rollenspiele" nutzen.

• Wenn man die Welt nicht versteht, braucht man Urvertrauen. Schwindet dieses, aufgrund fehlender Konzepte und infolge von Problemen, gibt es eine beruhigende "Technik": Meditation. Oder eine Spielart der Meditation: Beten. Diese "Techniken" halten Glaube halbwegs funktional. Die massenhafte Vermehrung vieler Glaubens-AnhängerInnen verhindert, dass sie weniger werden OBWOHL sie Anteilig häufiger schlechtere Lebensbedingungen haben als Menschen in wissenschaftlich geprägten Regionen.

Wieso sind nur manche Waffen geächtet? Weil sie den Soldaten die „Motivation" zum Kämpfen nehmen würden? Wieso dürfen Leute, in vielen Fällen, im „eigenen Land" nicht andere Leute töten? Sind sie aber Soldaten „für ihr Land/für ihren Glauben", töten sie sogar, quasi nebenbei, manchmal „Zivilisten". Man bezahlt ihnen teils gar Geld dafür, dass sie töten. Und Orden können sie dafür auch noch bekommen (so n bissl Metall und Stoff, das man herum zeigen kann, ist ja auch, wie die

Zettel nach einem Universitätsabschluss, klares (es folgt Ironie) Zeichen für Kompetenz). Tun sie dies (das Töten) ohne Auftrag des Staates, oder machen die Soldaten anderer Länder im Einsatz in anderen Ländern ohne deren „Genehmigung", diese „Killer-Arbeit", gilt das schon mal als „Mord" oder „Kriegsverbrechen", „Terror", das wird dann eher mal bestraft. Wiederum auch manchmal mit der Strafe: Hinrichtung. Und der Mord am Mörder oder „Kriegsverbrecher" (quasi jeder Krieg ist IMHO ein Verbrechen) ist auch nicht in Ordnung. Gerade, wenn die Gesellschaft die Mechanismen dahinter nicht versteht und selbst verursacht.

Mord am Feind/ungesetzesmäßigen Mörder ist dann OK, wenn ein „Gericht" das beschließt? Kein Wunder, dass Kinder diese Doppelmoral nicht ganz verstehen, da hier wider eine stringente Logik agiert wird. Dafür wird dann gerechtfertigt (eigentliches Un-Recht gefertigt/künstlich eingesetzt), mit dem Hinweis, das sei „Recht". Wer gibt den Politikern/Gerichten/Polizisten/Henkern, ... diese Macht? Wer finanziert das? Ist nicht beispielsweise, wenn die Gerichte vom „Volk" eingesetzt würden, was sogar selten oder nie direkt der Fall ist, das Volk, bei einem Fehlurteil, selbst zu verurteilen? Für eine falsch verhängte Haft müssen Richter und Volk, soweit sie daran Anteil hatten, „durch ihr Handeln oder Unterlassen", wegen Freiheitsberaubung und für eine fälschlicherweise verhängte Todesstrafe wegen Mordes vor Gericht?!

Mir tut es an dieser Stelle natürlich nicht leid, wenn das dazu führte, dass dieses „Regime" so in seiner ungerechten Weise, nicht mehr funktionierte. Ich biete hier ja eine weitaus bessere Alternative an. Dass das Gesetzes-Recht nicht der Gerechtigkeit entspricht, ist jedem halbwegs guten Juristen, der die „Radbruch'sche Formel" kennt und versteht, bekannt. Das relevante Wort ist hier „Reziprozität".

Im, von mir vorgestellten System wären tendenziell so ziemlich alle Daten zugänglich. UND: Wenn dennoch mal ein Fehlurteil aufgedeckt wird, wüsste man, inwieweit RichterIn und andere dazu beigetragen hätten. Näher an einem Optimum geht es erst, wenn Gedanken auswertbar würden oder so ...

Andererseits ist die Annahme, es würde immer ohne Waffen und Krieg/Konflikt möglich sein, zu überleben, sich als „Menschheit" weiter zu entwickeln, eventuell naiv. Und die Annahme, man könnte einen Krieg verlieren, wenn man „Gottes Allmacht" auf seiner Seite hat, muss auch manchen Gläubigen widersprüchlich erscheinen. Das erwähne ich, da ein Glaube auch eine trügerische Sicherheit suggerieren kann. Da kann auch ich nur noch von „Außerirdischen" reden, die uns erobern wollen könnten. DAFÜR kann man meinetwegen Rüstung noch beibehalten und weiter Waffen entwickeln und den Umgang damit lernen. Außer die Waffen werden "allzu zerstörerisch"?!

Sind Kriminelle „BÖSE" ODER besetzen die Kriminellen nicht einfach nur „Nischen" im „ökosozialen" System? Teils durch oben genannte Doppelmoral und Widersprüche in der Erziehung im derzeitigen System? Wo der Staat nicht sicher und abgeschottet ist, fallen „Reste" vom Tisch. Die Kriminellen sorgen dann dafür, dass der Staat lernt, diese Lücken und damit Nischen gegen den Missbrauch zu schließen, sie nehmen sich die schlecht bewachten Reste, bis das System sie "legal" selbst beansprucht. Für Hacker, Cracker, ... gilt ähnliches. Ungerechte Ausnutzung von Lücken gibt es auch von innerhalb des Staates (Cum Cum, Cum Ex, Börse, Sparen, Kredite, Steuern, GEZ,...), doch der Staat erklärt das gerne als „nicht ungerecht, bis es dazu ein limitierendes Gesetz gibt" oder schlicht als legal. Auch Gewerkschaften, ehemals als kriminell angesehen, wurden, mehr oder weniger gut und sinnvoll, in viele Staaten strukturell integriert. So arbeiten sie aber weniger gegen den Staat, weil sie dann gegen sich arbeiten würden. Leider tun sie auch daher weniger gegen eigenes Unrecht oder Unrecht des Staates. Und wie bei Lotterien,... kosten Gewerkschaften durch Nutzung ihrer Einnahmen für Verwaltung, Wohlfahrt,... Geld, das ihre Mitglieder teils dann nicht mehr zur Verfügung haben. Dass Lohnerhöhungen gerade von "unter" den Gewerkschaften stehenden, durch deren Arbeit finanziert werden,... ist kritisch zu betrachten.

• Fleisch. Ich wiederhole mich: Kann lecker sein, ist jedoch, als Nahrungsmittel in der Welt, häufig mit viel Leid und abartigen Handlungen verbunden. Es führt zu mehr Hunger als es stillt. Aber ja, es kann Hunger auch stillen, wenn man wenig anderes hat als Fleisch. Ungesund ist es häufig auch nicht nur für die „Fleisch-Quelle". Tierische Fette, Stresshormone, Antibiotika, Salmonellen, multiresistente Keime, Pandemien, ... nenne ich in dem Zusammenhang nur als Stichworte für Gefahren für die Konsumenten. Vegane Ernährung kann auch, nicht einmal allzu selten, ungesund sein. Hier ist, wie auch in den anderen Punkten eine ständige Abwägung zu... erwägen :).

Dass viele Leute Tiere eigentlich auf eine eher unschuldige Weise, als „Kuscheltier", "Totem",... mögen, macht das Töten und Quälen in den Mastbetrieben und Schlachtereien nicht besser, nur noch mehr „psycho". Die Ökobilanz von Fleisch ist mies, denn dafür gehen sehr viele Pflanzen und andere Bereiche der Natur drauf. Weideland für Milchwirtschaft zu nutzen, wenn darauf nicht gut Feldfrüchte wachsen würden, wäre eine Möglichkeit, an das nutzbare Vitamin B12 zu kommen. Und das während man praktischerweise auch eher „schlechte" Böden nutzt. Jedoch sollte die „Milchleistung" der Kühe stark herab gesetzt werden und sie sollten mit ihren Kälbern genug Zeit verbringen können. All das ist zu regeln und sollte auch praktikabel sein. Lasst euch ein gutes Essen etwas kosten ("gut" meint hier "in moralischer Hinsicht gut UND lecker UND gesünder")!

• „Die Wirtschaft muss wachsen"? Intellektuell einfache, tendenziell physische Arbeit, die ohne finanzielles Risiko auskommt, ist „geringer zu entlohnen, wenn es viele potentielle ArbeiterInnen gibt?", ... Das sind ebenso zukünftig besser zu überdenkende Meinungen und Faktoren. Auch die Umweltzerstörung und Beeinflussung kennt Pro und Contra. Wenn bald K.I. und Roboter viel Arbeit machen: Schlafft nicht ab und sucht Sinn in Wissenschaft, (traditionellem) Handwerk,... Wenn Pflegekräfte gesucht werden, müssen deren Löhne tendenziell in Frage gestellt werden und gegebenenfalls steigen (Angebot und Nachfrage). Die Putzhilfe, die ProfessorInnen erst effizientes Arbeiten ermöglicht, ist ähnlich bedeutsam, wie Akademiker, denen sie hilft. Dazu bitte eine gesamtgesellschaftliche Debatte.

• „Frauenrechte" kann oft bedeuten: „Mehr Pflichten für Frauen". „Kinderrechte" führen manchmal zu einer „Reduktion der Rechte ihrer Eltern" und auch teils zu „Pflichten der Kinder". Deckt solche Etikettenschwindel auf und gewöhnt euch nicht an dergleichen. Auch nicht, wenn ihr euch noch damit arrangieren könntet. "Wehret den Anfängen!?!"

• Die Wissenschaft schafft/schöpft evolutionär Neues. Was auch Probleme hervorrufen kann. Doch dass es einen Fall gegeben hätte, wo ein perfektes Smartphone, Tier, Gesetz, ... ohne selbst geschaffen worden zu sein, „vom Himmel gekommen UND immer schon da gewesen" wäre, um dann im Laufe der Jahrmillionen irgendwann „nachweislich nicht-perfekte Smartphones", ... zu erschaffen, ... ist der Wissenschaft, so weit ich weiß, nicht bekannt. Die Erschaffung, bzw. die Tendenz dazu, eine „K.I." zu erschaffen, die „alles weiß, versteht und kann", was Menschen ihr übergeben können, lässt auf die Schließung einer Lücke deuten, wo etwas gewünscht aber fehlend ist. Und was ist gewünscht, aber nicht vorhanden, das hier generiert zu werden scheint?! "GOTT"?!?

• Wir „erschaffen" mit dem übermäßig ausgeprägten Vererben von Besitz, sowie mit dem Privatbesitz an sich und auch seiner Ausprägung „Privatsphäre" ein massives Unrecht. Zumindest zeigen die Trennungen in „arm und reich", „hier bin ich, geh' Du/gehen Sie weg", ... und die damit verbundenen Irritationen, dass etwas nicht „so recht" funktioniert. Regelt das tendenziell zunehmend besser. Menschen Regeln zu unterwerfen, die sie schlecht verstehen und den Massen schaden, kann zu Umweltschäden, Verletzungen, Unrecht,... und Leid führen.
Woran erinnert uns das?!? :D

• Jede oder quasi jede Gruppe und jedeR einzelne ist egoistisch und „verschwört sich" damit gegen Teile vom „Rest". Glaubensgruppen, wie

„Demokratien", „Kommunen", „Religion" arbeiten stark für ihre eigenen Interessen und damit gegen alle außenstehenden Gruppen und Individuen.

(Für Deutschlands Repräsentative „Demokratie": Wie sehr repräsentieren Hunderte Akademiker im Bundestag zum Beispiel Millionen Handwerker und Arbeitslose, ...? Ist Repräsentation des Willens des Volkes gegeben, wenn nicht „Volkes Wille" getan wird? Oder wie demokratisch ist es, wenn die Regierung der Bevölkerung (über ÖR) vorgibt, was diese zu wollen hat?)

Wie viele Abstimmungen und Gesetzesänderungen im Bundestag werden mit den drei, vier, ... „x" auf dem Wahlzettel, die Mensch alle paar Jahre malt, wie (?!) gerechtfertigt? Welche Aktion eines Politikers, die falsch ist, muss man dulden, weil man den Politiker „inthronisiert" hat? Wie viele machen die „Mehrheit der Bevölkerung" aus, wenn es starke Unterschiede in Einfluss durch Geld, Macht über Medien, anderer Diskursmacht, Unterschieden in Bildung, Lügenvermögen, Informiertheit, ... gibt? Auch, wenn nur maximal 70% der BürgerInnen wählen, auch, weil sie sich gar nicht repräsentiert sehen oder so zufrieden sind? Und wenn von den 70% maximal 70% „ihre Regierung" durch Wahl der Regierung/-skoalition durchgesetzt bekommen (0,7 mal 0,7 = 0,49) dann hätte bereits nur eine Minderheit von 49% der BürgerInnen diese Regierung auch durch "Nichtwählen" verwirklicht. Inwieweit die Regierung dann die Wünsche ihrer Wähler völlig repräsentiert und verwirklicht, kann man sich selbst mal fragen. Denn wenn man sich für einen guten Demokraten hält, ist man ja über das Wahlprogramm der eigenen Partei bestens informiert und in direktem Austausch mit seinen bundesweiten und regionalen KandidatInnen und vielleicht selber diejenige KandidatIn UND wer ist zu 100% von einem Wahlprogramm überzeugt und wie viel % eines Wahlprogramms werden realisiert? Und welchen PolitikerInnen kann man komplett trauen, dass sie das "Richtige" tun und offen vermitteln?

Eine kleine Gruppe von Leuten, die nicht die spätere Regierung wählten, aber das obwohl sie nicht wussten, das eigentlich diese ihre Meinung repräsentiert, erwähne ich mal als Sonderfall.

Über „Gender-Grammatik" und ihren Gebrauch abzustimmen, das wäre, wenn auch manche das für ein drängendes Thema halten, demokratisch. Wenn weniger bedeutsame Themen, durch „laute" Minderheiten repräsentiert, die Mehrheit übertrumpfen, weil die Politik ablenken oder lenken will, ist das in Sachen Demokratie, bedenklich. Es ist zwar nicht egal, wenn so die Meinungen und Entscheidungen verzerrt werden, jedoch sind die so in den Fokus gerückten Themen auch inrgendwie von Bedeutung.

Was den Klimawandel betrifft, kann eine Minderheiten-Meinung „richtiger und wichtiger" sein als die Meinung der „Massen". Schwierig. Ich hielte zudem kleinere Staaten, wo man nicht so anonym herkommt, und die mit anderen kooperieren, für besser (auch in Sachen Bekämpfung von Pandemien und auch Reduktion der Gefahr von zumindest Welt-Kriegen). Staaten als Wohnsitz wählen zu können, deren Verfassung einem mehr zusagt, wäre auch irgendwo demokratisch.

Natürlich kann man Gesetze variabel und anpassungsfähig gestalten, was bei ausreichender Debatte spätere Notwendigkeit für weitere Gesetzes-Diskussion und Änderung reduziert. Gesetze mit Variablen, Tarifverträge mit Variablen,... können Politik, Gewerkschaften,... teils Arbeit abnehmen. Dann sollte man die Medien der Bürger, soweit gewünscht, auswerten (Stichwort: Social Media) und kurze themenbezogene Abstimmungen einbauen, etc., was die Politiker der Parteien oder Unabhängige, dann umzusetzen haben. Ethisch zu prüfen bleibt das Resultat der „Volksmeinung" dennoch weiterhin, wobei auch kommuniziert werden sollte, was eventuell missverstanden wurde oder dysfunktional wäre und warum. Durch das Volk direkt und „gleich" UND transparent, sowie nach Qualität ihrer Arbeit finanzierte Gerichte sollten das entscheiden und bei unnötigen Fehlern „sanktioniert werden können". Die schädlichen Aspekte der Konkurrenz der Systeme ab zu bauen, kann einige Generationen dauern, da viel verbale, systemimma-nente, strukturelle, ... Gewalt gar noch nicht ausreichend sichtbar ist. Das muss man aber sehen, hören, spüren, ... um es zu benennen, einzudämmen und abzubauen. Abrüstung von militärischer, öko-nomischer, ökologischer, sozialer, demografischer... Konkurrenz um Wohlstand ist notwendig. UND das ohne an Lebensqualität ein zu büßen, außer vielleicht vorläufig, wenn man im Unrechtssystem Milliarden hatte und das ausgelebt hat. Dann müsste man vielleicht mit weniger, empfundener Lebensqualität rechnen. Vorerst zumindest.

Ja, viele heute sehr wohlhabende Leute würden in einer gerechteren Gesellschaft (erstmal) nicht so einen hohen Lebensstandard bekommen, wie sie ihn jetzt vielleicht haben! Dass die globalen Ressourcen teil:weise begrenzt sind, kann ich erstmal nicht ändern. Ich stelle hier nur ein Alternativsystem vor, das die aktuellen Probleme lösen können dürfte. Ob Mensch es umsetzt ist eine Frage, die ich nicht beantworten kann. Wie lange und gut es funktionieren würde, kann ich nicht sagen. Daher unterstütze ich Modellversuche, in denen dies erprobt werden kann. Vom Rollenspiel bis zur Anwendung in Gruppen bis Staaten, kann es im entsprechenden "Test" gehen.

• Wenn der gläserne BürgerIn wirklich so ein Tabu wäre, mischte der Staat sich da nicht ein. Der gläserne BürgerIn ist quasi schon zu großen Teilen Realität. Sind gläserne PolitikerInnen, gläserne RichterInnen, der gläserne Staat nicht auch erstrebenswert? Nein, von Seiten der Mächtigen nicht, denn hier sollen Machtbefugnisse, Privilegien zementiert werden, die unsere Eliten haben. Und die Folge ist eine Gesellschaft, die immer ungerechter wird, weil manche „gleicher als gleich sind" (Zitat aus: Animal Farm, George Orwell, Penguin Press). Mit den Möglichkeiten der Wissenschaft wächst auch die Notwendigkeit zur Überwachung derselben. Ich selbst bin eher "Fan" der Mündigkeit der BürgerInnen. Doch DAS Ideal traue ich noch nicht genügend Leuten zu. Ja, ich vertrete hier ein Modell, das ich selbst nicht für das Ideal halte, nur für praxistauglich. Bevormundung der Massen machte diese über Jahrtausende unmündiger.

• Banken, der Aktienmarkt, ... basieren auch stark auf Glaube und sind daher teils Glaube. Smartphones geraten mehr und mehr zur „Gebetsmühle", die uns überwacht und von uns lernt und uns kontrollieren hilft, um das mal in einer mittelmäßigen Metapher auszudrücken. Wer kann das auf Dauer wollen?!?
Make-Up ist die "Burka des Westens"?

• Armut ist „gewollt", um Menschen zum Arbeiten zu motivieren und zu „willigem" Rohmaterial der Ausbeutung zu machen, Enteignung, Raub ... Sie macht aber auch eine bessere Nutzung der Ressourcen erst tendenziell zu etwas Gewolltem.

(„Privare", aus lat., bedeutet „rauben" / Wem gehörte das Land vor dem „Erscheinen" des Menschen? Als sich die ersten Leute Territorium nahmen, war das richtig? Wann war oder ist es richtig?)

Ausbeutung, Privatsphäre, Armut, Enteignung, Vertreibung,... sind Folge der Sesshaftwerdung und werden häufig gar nicht mehr in Frage gestellt. Selbstjustiz (der Gerichte), Demokratie (die kaum eine ist und oft nur stabil, dank Reichtum) werden in einer Art „resigniertem bis fatalistischen und oktruierten" Selbstverständnis/ „Konsens" so angenommen, weil man keine Alternative kennt oder erwartet, ... Wer nicht arm ist, steht weniger wahrscheinlich für jede schlechte Arbeit jederzeit zur Verfügung. Arme und schlecht qualifizierte LeutInnen müssen tendenziell schlechtere Jobs eher annehmen. Arbeitslose gibt es auch, die sind jedoch eher Opfer; Opfer auch des Irrglaubens, ALG wäre in jedem Fall gut für sie.

• Wir verursachen es alle selbst, dass DAS geschieht oder manches nicht geschieht. So nebenbei tun wir das. Durch „nur ein Schnitzel", „nur mal Wählen", „bei Firma XY Arbeiten", „bloß ein neues Handy kaufen"…

(Ich stelle meine Einkünfte zu 90%, in den Dienst des Friedens, indem ich damit „gegen Unrecht arbeite, für Recht arbeite".)
Daher arbeite ich quasi, um meine Arbeit gegen mein naheliegendes eigenes Interesse zu finanzieren. Ver-rückt?! Nein, auf lange Frist sehr vernünftig, was hier ansatzweise bewiesen werden soll. Denn ich habe mehr Interesse an gerechtem Frieden,... als an einem Reichtum, der auf einen Kipppunkt hinsteuert, den "der Mensch" vielleicht nicht auf eine Weise übersteht, die ich als sinnvoll erachte. Oder die der Mensch, das Leben eventuell gar nicht übersteht, was jedoch sehr unwahrscheinlich sein dürfte.

• Beichte, Entschuldigungen, ... reduzieren die mögliche Motivation, etwas an sich und der Welt zu verändern (zu etwas Besserem hin, doch was ist das, besser?). Daher sollte die Entschuldigung erst NACH dem Erlernen eines besseren Verhaltens und Denkens akzeptiert werden.

• Aktien, Kryptowährungen, Sparen, ... Einkommen, ohne groß selbst zu arbeiten. Wer sind „unsere modernen Sklaven", die unseren Finanzen den Wert geben, den sie (das Geld, die Aktien, ...), in unserer Vorstellung und damit quasi-real haben? Wie entziehen wir uns den negativen Realitäten und einer negativen Selbstwahrnehmung, wenn wir zunehmend Teil der TäterInnen und somit des Unrechts werden? Was hat der Wandel von einem „resignierten" Narzissmus in Richtung auf einen offenen Narzissmus damit zu tun? Narzissmus, den wir annehmen, weil wir so zu möglichst viel „Erfolg" zu kommen glauben? Und das, ohne die „Aggression" weiterhin teils auf uns selbst zu richten, sondern teils auf unsere Opfer?! Das bedeutet, wir geben uns nicht „Schuld" an dem Unrecht, das wir begehen. Sondern wir verurteilen teils eher Arbeitslose, Bettler, Flüchtlinge,... als dass wir Eliten in Frage stellen.

• Streik (vor allem, seit diese Verhaltensweise „Teil des Systems" ist), ist überwiegend unsinnig geworden, genau wie starre Tarifverträge. Eine variable Formel zur Berechnung von Lohn, Gehalt, ...wäre interessant.

Gewerkschaften nutzen ihrer Führung und ihrer Verwaltung oft am Meisten und nicht ihrem "gewöhnlichen" Mitglied. Hier wird Wohlstand teils vernichtet.

• Die Stärke, anderen Freiheiten gewähren zu können oder Hilfe geben zu können, kann „Gegner, die das nicht schaffen, demütigen und innerhalb ganzer Gesellschaften eine Spaltung verursachen". Auch die, denen man hilft, kann man so demütigen und dauerhafte Abhängigkeiten schaffen. Die „Schräglage" zwischen Industrienationen und z.B. der "dritten Welt" ist ohne einen recht bedingungslsen Ausgleich dauerhaft. Da ist halbherziges Anpassen, wie z.B. viele Arten der Entwicklungshilfe, schnell andauernd Quelle von Irritationen. Wie sollen arme Länder auf die eigenen Beine kommen, wenn mehr Geld von ihnen an reiche Nationen gezahlt wird als zurückfließt? Stichwort: IMF (Internationaler Währungsfond).

• Männer und Frauen betreiben Auslese und entscheiden teils, wessen Gene weitergegeben werden und wer „ausstirbt". Frauen sind in der Hinsicht eher „passiv aggressiv", Männer gehen eher „aktiv aggressiv" vor. (Ich rede hier überwiegend von den "Cis-Geschlechtern" in ihren derzeit vorherrschenden, nahezu klischeehaften Rollen.)

• Haustiere sollen beruhigen und Gesellschaft, schlicht Sicherheitsgefühl bieten. Teils bewirken sie das durch latente, „implizite" und „explizite" Aggressivität, weswegen man sie manchmal durch „Streicheln", „Leckerli",... besticht oder sie ihre Besitzer durch die Kommunikation der "Dankbarkeit" und "Sympathie" belohnen. Auch ist ein „Frieden" oder „Sympatisieren" mit den Haustieren anderer oft Zugang zu den BesitzerInnen. Leider ist das eine Art Wettstreit mit anderen um Nähe und Sicherheit. Man kann, wenn man Haustiere hat, andere Menschen „weniger" und schlechter behandeln, weil man immer noch das Tier hat. Teils bekommen Tiere besseres und mehr Essen als andere Menschen, „weil man mit Menschen nicht so kann", diese seien ja „böse",

„dissozial"...!

Die Tiere aus ihrem „natürlichen Lebensraum" zu holen, zeugungsunfähig, zu „Dienern", „Freunden" zu machen, ist teils begründet, jedoch sind die negativen Aspekte nicht ganz so einfach von der Hand zu weisen, wie manche hier vielleicht denken. Dass Tiere auch das Verhalten von Menschen negativ: "Gib mir Futter oder ich bin laut!" oder positiv: "Geh mit mir Gassi! (Und Du hast für Dich etwas gesundes getan)",- beeinflussen können, ist gut. Aber nur so gut, wie es bewusst ist und gesteuert werden kann. Diese Kompetenz spreche ich derzeit großen Teilen der "Gruppe: Tierbesitzer" komplett ab.

• „Logische", „rationale" Gründe für das eigene (Fehl-)Verhalten: Fast immer sind Ideologien und Persönlichkeitsstrukturen irgendwo logisch. Das muss so sein, da alles, was Menschen als Verhaltensrepertoire haben, potentiell mal nützlich werden könnte. Auch diese Strukturen sind demnach „Nischen".

Beispiele absurderer Art, an denen man die unsinnigen Aspekte mindestens durchscheinen sieht, die unsere Gesellschaft hervorbringen kann:

• „Hungernde haben es auch gut, weil sie sich mehr freuen, wenn sie mal etwas zu essen haben."

• „Fleisch essen ist wichtig, weil die Schlachttiere sonst als Art vielleicht aussterben würden."

• „Das Sterben der armen Menschen ist „natürliche Auslese"!"

• „Corona" ist ein „Zeichen der Natur", die hier ein Gleichgewicht herstellen will, das der Mensch stört."

- „Ohne Ausbeutung" gäbe es weniger Entwicklungen, die dann auch nicht den Armen zur Verfügung stehen."

- „Ein Land kann allein nichts ändern, am Klimawandel. Daher warten wir mal auf die anderen!" „Ich allein kann nichts ändern!"

- „Wenn man sowieso stirbt, ist alles sinnlos und man kann sich sofort selbst umbringen." (Naja, das ist so ziemlich der Gipfel des Absurden!)

- „Gruppe XYZ ist gegen „mich/uns", das ist eine Verschwörung, ..."

Warum ist das auch noch mindestens teil:weise Unsinn?

- Es ist ein elementarer Zweck vieler Gruppen, Ressourcen und Einfluss zu bündeln. Wenn ich mich verstärkt für die Interessen meiner selbst/meiner Ideologie-Gruppe einsetze, schade ich irgendwann anderen Gruppen, Individuen. Die üblichen Formulierungen: „Wir sind die Auserwählten, die Herrenrasse, die Stärkeren, die Überlegenen, die freien, aufgeklärten Völker, die „Gut-menschen" (diese Gruppen bezeichnen sich teils selbst so, manchmal nicht), Querdenker, Verschwörungs-theoretiker, ... „„Wir" sind besser und verdienen mehr, ...""" (hypothetisches Gedankengut solcher Gruppen).
Diese „Konstrukte" haben eines gemeinsam: „Sie sind teils nicht ganz zu widerlegen, da dahinter eine gewisse Logik steckt"!
Jedoch dienen sie nur einem Fatalismus, der von den Anhängern solcher Ideen schier gepflegt wird, UM DAS EIGENE FEHLVERHALTEN ZU RECHTFERTIGEN, damit man nichts lernen und ändern muss. Überlegt mal, was "fit" im Zusammenhang mit Darwins "survival of the fittest" eigentlich bedeutet. Tip: "fittest" wird nicht mit "der/die Stärkste" übersetzt.
Die von mir freigelegte „Fehlersophie" kennt nur Sinn, in ihr ist alles logisch oder erwiesen unlogisch (also auf logisch begründbare Weise unschlüssig, wenn man Opfer solcherlei Glaubens wurde), doch die

Fehlersophie macht auch einen Unterschied in der „Qualität" der jeweiligen Einstellungen im Leben der Natur, des Menschen, ... DORT legen teils enorme Ungleichgewichte vor. Ich gebe zu, dass ich nicht alles weiß und Fehler, sowie Falsches begehen kann. Schaut bei begangenen Straftaten auf Ideologien, Angst, Wut, Mut, Not, Faulheit, Dummheit, Armut,... bei TäterInnen und OpferInnen und schaut, inwieweit Denken oder Fühlen das Handeln motivierte. Untersucht dann eure Gesellschaft auf den Umgang mit Gewalt, Unrecht, Dummheit, Wohlstand, Umwelt,...

• Menschen werden dadurch, dass „Privatbesitz" zu neuen Regeln, Gesetzen, ... führt, in die „Illegalität" gedrückt (eine, die durch die neuen Regeln erst geschaffen wurde). Gerade „strukturell Benachteiligte" und dazu gehören die „Armen", ... enden häufiger in der Kriminalität. Kriminelle Reiche haben, wenn sie „erwischt" werden, auch durch mehr und "bessere" Anwälte, mehr Verständnis von Seiten der Gerichte zu erwarten. Arme Menschen fliehen auch eher aus „ihrer Heimat", wenn sie es sich leisten können. Insgesamt machen auch die Mächtigen, ... eher die Gesetze so, dass diese ihnen nutzen, die „Schwächeren" müssen sich dem anpassen und die "Schwächeren" sind oft die Ärmeren. Zudem wird tendenziell (latente) Aggression von PrivilegiertInnen „nach unten" weitergegeben, wenn man eine soziale Hierarchie voraussetzt, die ein "Oben" und ein "Unten" hat, wobei die Macht der höher stehenden größer sei. So, dass eine gesteigerte Tendenz zu Frust und dann auch Gewalt „je weiter man nach UNTEN kommt" entsteht. „Anstand, Etikette, Bildung, ..." stehen dort seltener zur Wahl. Die „Oberen" setzen diese Attribute aber gerne als Basis einer „zivilisierten Auseinandersetzung und Diskussion" voraus. „Illusorisch mit einer Neigung zur Arroganz", sage ich mal zu letzterem. Dass gerade Kinder aus wohlhabenderen Familien, Staaten,... besser reden, besser informiert,... sind, ist zudem ein Zustand, der Wohlstand reduziert. Einmal, weil so viele begabtere Kinder nicht so gut gefördert werden, nur weil sie arm sind. Zum anderen, weil so viel Unrecht zu weiterer Armut, Resignation Unrecht und Gewalt führt. Denkt euch einmal in dieses Thema hinein.

• Ideologie macht Menschen zu Waffen. Für „Glaube", „Staat", „Rasse", ... sterben viele „gerne". Die Lügen, die sie versklaven, verbreiten sie sogar noch selbst.

Überall gilt: Die naheliegendste Aktion ist oft die „leichteste, schnellste, verführerischte" (frei nach „Star Wars"), damit die stabilste, da „energieärmste". Bis sich die Bedingungen ändern, weil man „zu erfolgreich" ist und mit dem Erfolg das Ökosystem kippt.

Seid wahrhaftig. Zumindest zu euch selbst, jedeR einzelne macht einen Unterschied, durch seine Verhaltensweise. Wenn Du nichts machst, macht es jemand anderes oder gar niemand.

Der Kern des Problems (wichtigste These und Vorarbeit zum ein-Fall „Pudel")

• Die Sesshaftwerdung, der Privatbesitz, ... Die Domestizierung oder Domestikation von Tieren und Pflanzen färbte auf den Menschen ab, der dabei auch sich selbst zunehmend domestiziert und züchtet, züchtigt. Teils am Beispiel des vom Tier erlernten, teils durch Entwicklung von abstrahierten Kenntnissen, was Daten kompakter zusammenfasst und nützliche Muster elaboriert. Denn der Erwerb von anderen Blickwinkeln, lässt zunehmend Rückschlüsse auf ein basales Erkennen solcher Strukturen zu. Den Bereich nenne ich „Logick" (In Anspielung auf die „Magick" des zweifelhaften aber abschnittsweise genialen Aleister Crowley). Auf genau diesem Fundament baut die Maschine, insbesondere die K.I. auf. Das interessante ist, dass „der Mensch" dabei mit „der Maschine" einen Prozess durchläuft. Einen Prozess der Annäherung. Beide „domestizieren" einander. Den Moment der „Begegnung" werden manche meiner Leser eventuell noch erleben. Das, wohin unsere Spezies sich bewegt, ähnelt dem Konzept „Mentat" in Frank Herberts Roman „Dune".

Sesshaftwerdung, Besitz, Zucht und Domestikation stellen den hier zu behandelnden Bereich dar, der selbst ein Gebiet beschreibt, ein Feld, ein Territorium des Geistes. Mein Bemühen wird sein, ihn von außen zu beleuchten und Licht in ihn zu bringen, bis er selbst die angrenzenden Wissenschaften, Kompetenzen, ... erhellt und den Zugang erweitert.

Paracelsus (Theophrastus Bombast von Hohenheim), Friedrich Wilhelm Heinrich Alexander von Humboldt , Anna Freud, Günter Wallraff, Maria Montessori, Siri Hustvedt, Ayn Rand, Heide Göttner-Abendroth, Joseph Campbell, Riane Eisler, ... sind nur einige der „LichtträgerInnen", die Anteil an dem hier vorgestellten Konzept haben. UND das, obwohl sie auch Fehler machten oder machen. Auf "Perfektion zu warten, bis man etwas in der Richtung ändert, kann fatal sein.

• Nimmt man im „Kriegs-Spiel" eine Rolle ein, drängt man andere in eine ähnliche Rolle, wenn man für sich und damit gegen andere vorgeht. Krieg, Verfolgung, Nation, Geschichte, Religion, ... stiften solche Identitäten, und damit das Schaffen von Fanatikern. Wer die Deutungshoheit hat, kann die Leute in seiner Gruppe instrumentalisieren und Soldaten in ferne Länder schicken oder Leute dazu bringen sich Explosives um den Körper zu schnallen und sich in einer Menschenmenge in die Luft zu sprengen. Andere Optionen sind missionierende PriesterInnen, TouristeInnen, EthnologInnen, ... die teils allein durch ihren Habitus und Unsicherheiten bei sich und anderen, durch ihren zur Schau gestellten Besitz, ... Ethnien und Gesellschaften destabilisieren und verändern können. Ist demnach erstmal der „Keim" einer Gemeinschaft gelegt, war es bisher so, dass dies „Gegen-Gesellschaften" erzeugte, die gegeneinander und parallel „auskristallisieren". Auch der Kapitalismus ist nur eine Variation der "Kultur-Technik: Krieg".

• So lange die Herrschenden; Diskurs-Führer, ... oftmals Cis-Männer, ... davon profitieren, dass es falsch läuft oder das denken (dass sie profitieren), ... ändert sich wenig. Wenn Cis-Frauen sich solche Cis-Männer wählen und auch vielleicht noch Kinder mit ihnen zeugen, kommt eine Situation wie die derzeitige dabei heraus. :D

• Schnelles Denken (meist aus oberflächlichem Gefühl) ohne besseres Wissen führt seltener zu guten Ergebnissen als langsames Denken (Abwägen, Recherchieren, ...) und/oder definitives Wissen. Der spontane Kauf, Urlaub, Sex, das Drogen-Kennenlernen, die Schönheits-OP, oder „Operationen zur Geschlechtsanpassung", ... sind weniger oft zufriedenstellend, wenn man weniger abgewägt hat. Wenngleich die Entscheidung an sich auch befreiend wirken kann, über solche Fragestellungen über ein Handeln eine Art Gewissheit und damit ggf. Erleichterung erhalten zu haben. Sollte es nicht so gut ausgehen, tut ihr mir ein gutes Stück weit leid. Permanenter Schaden aus Leichtfertigkeit heraus ist bedauerlich. Ich kann euch schlecht aufhalten, schon gar nichts gegen euren "Willen" bewirken. Das könnt quasi nur ihr. Ihr wisst das nur teil:weise nicht und tut es noch seltener.

Kennzeichen der Hierarchie in herkömmlichen Gesellschaften (mein Modell ist nahezu egalitär):

• Hygiene (Trennung in „rein" und „unrein".)

• Konflikte ohne wirklich gute Lösung. (Entweder, man zieht sich zurück oder kommt in die Spirale: Frust-Aggression-Gewalt-Angst-Frust-Aggression-Gewalt-...), Aufrüstung an Wissen und Können, bis man nicht nur andere mit totaler Auslöschung bedroht, sondern auch sich selbst.

• Expansion, Privatbesitz, Vertreibung (Das ist mein Auto, Haus, Garten, Feld, Buch, ... geh weg), ... Gesetze als „Grenzsteine, Reviermarkierung, ...", vertreten durch Copyright, Patent, Polizei,...

• Werkzeuge in den Händen der Mächtigen, die die Grenzen verteidigen und erweitern sollen (Waffen, Gebäude, Kulturgüter (Gebäude für Glaube, wie Banken, Kirchen, Denkmäler, ...)).

• Konkurrenz als Treiber des Neides und der Unzufriedenheit. Ungleichheit, durch Gesetze geschützt (GG: Gleiches Unrecht für alle: „Mensch ist vor dem Gesetz (welches ungerecht ist) gleich."). Einzelne und kleine Gruppen haben mehr Macht, als manchmal gut ist. Oftmals aber mehr Macht als sie verdienen und haben sollten.

• Speichern und Gewinnen von Wissen, Rohstoffen, Maschinen, potentiellen Soldaten, Gebieten, ...

• Wettlauf um Neues und mehr Macht (bis zum Unsinn: Overkill).

• Hunde, Rauchen, Autos, Fleischkonsum, ... am richtigen Ort und zur richtigen Zeit, war das ok. Doch gerade das Ausmaß hat es zu teils allzu groß dimensionierten Problemen werden lassen. Roboter, autonomes Fahren, ... machen manches teils etwas praktikabler. Andere Probleme sind komplett Absicht: Man könnte jedem ein Domizil zur Verfügung stellen, mit dem Mensch sich einigermaßen über Wasser halten könnte. Ein kleines Häuschen mit Gemüse- und Obstgarten. Doch wer macht dann die üblen, schlecht bezahlten Jobs? ALG ist nicht so gut für die Leute, da soweit ich informiert bin viele psychische und andere gesundheitliche Symptome zeigen und entwickeln. Oder die armen Menschen, die aus ihrer Heimat flüchten müssen. Ihr denkt 20 Millionen Flüchtlinge wären besorgniserregend? Uns erwarten Milliarden von Flüchtenden.
Ich bin selten ausdrücklich und fix für oder gegen etwas, nein: Ich zeige Baustellen.

What if??? (Wurst-Käse-Szenario mit Ausblick nach...)

„Kaum hat man die Antwort, erscheint eine veränderte Frage!" (Anonym)

Hier spreche ich teil:weise aus der Perspektive der Gruppe, die gerade noch die Mehrheit zu repräsentieren scheint.

• Identifikation mit vorgefertigten Meinungen… Mein Tipp: Lieber selber denken und den Unsinn gar nicht erst dominieren und damit bestimmen lassen, was Leute „zu denken haben".
Was genau machen denn HirtInnen mit ihren Tieren? Einsperren, füttern, treiben, sauber halten, Milch, Wolle und Lämmer nehmen, töten, verwerten,...
Wohin kann die ökonomische, militärische, intellektuelle, ideologische, ... Aufrüstung führen?
Overkill: „Allzu mächtige" Waffen, „allzu mächtige" Götter, „allzu große" Völker, „allzu elaborierte" Geschichten, „allzu ausgebeutete Natur", "allzu starkes Wachstum" ...

Wohlstand senkt normalerweise auf die Dauer die Geburtenrate. Will man sich nicht Milliarden Hungernder gegenübersehen, sobald der Klimawandel noch ausgeprägter wirkt und viele ihre Heimat verlassen, muss man handeln. Ob der Klimawandel menschengemacht ist oder nicht, ist egal. Wir müssen von der Möglichkeit ausgehen. Wenn wir nicht handeln und der Mensch war die Hauptursache, haben wir den ungeniessbaren Salat noch weitaus heftiger an der Backe. Wohlstand, der recht gut verteilt ist, macht zufriedener. Und zufriedene Leute konsumieren auch weniger... Und wenn Leute sich sicher fühlen, investieren sie mehr in weniger Kinder. Und, und, und...

Methoden (TIT for TAT auf Ebene Mensch-Natur): Dass die Leute sich gegenseitig nicht abschnittsweise Recht geben können, wenn der andere mal Recht hat, führt zu festen Fronten und egal, welche Seite man wählen würde, zu Unrecht.

Wir haben Umerziehungslager, wir nennen sie bloß „Schule, Kirche, Instagram, Gefängnis, Reha,..." Dort wird bedeutsames und nützliches internalisiert jedoch auch PROBLEMATISCHES!!!

Implizite Fragen, also Problematisches und normale Fragen:

• Hunde sind potentiell auch gefährliche Tiere, die aggressiv sein können und menschliches Verhalten fehlinterpretieren und „ihre Frauchen/Herrchen" verteidigen und Territorium abstecken. Bloß, weil man sie oft mag, werden sie nicht plötzlich kalkulierbar. „Ist nur mein Hund!"? Bellt Dich ein Hund an, kann man das als Gewaltandrohung oder Einschüchterung sehen. Wem nutzt das? Ja, ich wiederhole mich manchmal (teil:weise), auch um Sachverhalte "im Spiel" zu halten.

• Autos sind potentielle Mordwerkzeuge, Umweltschädlinge, Unsoziales, ... Und dann steht das durchschnittliche Auto täglich stundenlang herum. Von Sollbruchstellen, limitierter Haltbarkeit, ... bei Auto oder auch Waschmaschine, Smartphone, ... will ich gar nicht groß reden. Dass wir diese Dinge gut finden, weil sie unser Leben erleichtern können, kann ich nachvollziehen. Manche fragen und sagen dann: „Was willst Du? Dann kauf Dir eben kein Auto. Ich mag Porsche. Den FahrradfahrerIn habe ich nicht gesehen und ich wollte ihn/sie gar nicht töten/verletzen und wollte nicht zu schnell fahren!"

• Tourismus macht Länder abhängig und nötigt zu einerseits Umweltschutz und damit weniger Technisierung, andererseits zu mehr Umweltzerstörung, um den Tourismus attraktiver zu machen oder aus zu bauen. „Nur mal kurz nach „Malle"!"

• Verteidigung. Angriff ist die beste Verteidigung. Wir bringen Wohlstand, Ordnung, „Demokratie", Vernunft, Wissenschaft, „Gott" (weil der sich ja nicht mitteilen kann, außer in fragwürdiger Manier). „Keine Angst, ist nur meine „9mm"!", „Keine Angst, wir können das Leben auf dem Planeten nur 1000mal vernichten, theoretisch. Ist also vernünftig, keine Angst, Du kannst uns trauen.", „Ich mache nur Kampfsport, Yoga ist für Tussis. Soll ich Dir mal n Trick zeigen, tut auch nur kurz weh, wenn man es falsch macht.", „Wir greifen nur 'n Schurkenstaat an.".

• Gehirnwäsche (oder „Gehirnverschmutzung"?) durch Film, Buch, Musik, Nachrichten, Filterblase, ...
„Ist nicht gefährlich, die Impfung. Die nächste auch nicht. Keine Impfung wird mehr gefährlich sein." (Meint: „In der Theorie. Und das ist unser guter Wille! Zweifel sind bösartig. Wir können es jetzt besser als die Natur. Und das ist nur geringfügig riskant". Etc.).

Ich bin nicht gegen Impfen, wenn doch nur freier entschieden werden könnte, ob man sich impfen lassen will und ob man ein bewährteres ODER ein experimentelleres Vakzin will. Ein Territorium für Impfunwillige, -kann man nicht dergleichen einrichten? DIE Patentlösung hier ist schwer, da beide Seiten teils im Recht sind, ohne dass überall ein Kompromiss möglich wäre.

• Entschuldigen sollte man sich erst, wenn die Sache aufgearbeitet ist. Sonst macht diese Art der „Beichte" das Unrecht hoffähig. Reminder!!!

• Informieren ist auch: „In-Form-bringen". Kann gut und schlecht sein.

• Pygmalion-Effekt nutzen: Wenn wir an uns selbst soweit glauben, wie wir auch fähig sind, glauben wir, zu Recht, immer mehr an uns. Der Pygmalion Effekt besagt, dass wenn wir und andere an unsere

Fähigkeiten glauben, diese eher wachsen. Wachsen unsere Fähigkeiten, können wir mehr an uns glauben. Beinahe alle Kinder sind, bis zu einem bestimmten Alter, hochbegabt. Die Gesellschaft „bricht", „knickt", ... sie, damit sie in kleine Nischen passen. Die Kindere tauschen ihre eigenen Träume und Ideale dann zunehmend gegen „Hollywood" und „Gesetzes-Recht", „Demokratie" und andere Etikettenschwindel.

• Dass tendenziell „IMMER" die Armen (Ressourcen) sparen sollen, ist bedenklich. Wenn die Reichen ihren Konsum reduzieren, bewegt sich viel schneller viel mehr. Reiche Nationen haben gefälligst zuerst die Weichen in Richtung „mehr SINN" zu stellen, sie haben weit mehr Einfluss. Tendenziell muss jedeR sein/ihr Möglichstes tun.

• Kinder und Jugendliche sollten für ihr Lernen „ein Guthaben" bekommen, mit dem sie Ausbildung und Studium realisieren könnten. Laut Montessori sind, wie gesagt, viele junge Kinder „hochbegabt", doch irgendwann ändert sich das, während das Kind in die Gesellschaft „integriert" wird.

Krieg

Das Spielfeld und die Regeln: Macht euch folgende „Begriffe" und Themen bewusster:

• Tabus (im Sprachgebrauch, Ge- und Verbote, implizite und explizite Rechte und Pflichten, ...)

• Annahme, dass man im Recht sei, wenn man sich mit einer Einstellung „gut" FÜHLT. Annahme, dass „die anderen" im Unrecht seien, wenn man sich ihretwegen schlecht FÜHLT.

• Annahme, dass „der gute Wille" zu „Gutem" führt, selbst wenn der „eigene Staat", der „eigene Glaube" zu Mord, Vertreibung, Hunger führt und/ nicht ausreichend gegen Hunger, Krieg, Armut, ... vorgeht. Manche Ideologien rufen gar zu Mord, ... auf. Schlecht, dumm und unsozial.

• „Selbstermächtigung" im Übermaß: Man gestattet sich „ab und zu" Fleisch von Tieren zu essen, Auto zu fahren, in Urlaub zu fliegen, ... Wissend, dass es in Probleme mündet, wenn alle so denken. (Kategorischer Imperativ wird nicht angewandt (siehe: Kant, Immanuel). Die Annahme, man "dürfe" mehr Auto fahren, wenn das Auto sparsamer ist und vergleichbare Denkfehler,...

• Hindernisse, wie Gesetze, Verkehrsregeln, Flirtregeln, Etikette, ... auch im Glauben aber vor allem im Staat (was verbunden sein kann (Staat und Glaube)). Diese Hindernisse lenken die Massen in Richtungen, die meist destruktiv sind oder in viel Leid enden können, wenngleich dadurch erlangte Kenntnisse sehr gute Einblicke ermöglichen können.

• Symbole (Flaggen, politische Landkarten, Kleidung und Nacktheit, Copyright, Eheringe, Denkmale, Mahnmale,...), die Denk,- und Handlungsgrenzen setzen, können schlimmes bewirken, sollten das immanente Unrecht kenntlich machen.

• Besitz, „Privat-Erbsünde" samt Folgen, Selbstverständlichkeit von Tod und Gewalt gegen Lebewesen, Selbst- und Fremdgefährdung mittels Macht und Machtmissbrauch, legislativ-juristisch-exekutiv abgesegnet, wenngleich ethisch "Unrecht"...

• Gruppenbildung

• schädliche Geheimnisse, Lüge

• Gestik, Mimik, Verhalten, Haltungen zu arbiträren Themen,... Diskriminierung Andersdenkender, Andershandelnder, Andersaussehender,...

• Make-Up, Schönheitschirurgie, Schmuck

• Waffen

• Laute

• Angst und Abschreckung, z.B. mittels Gewaltandrohung oder Anwendung von Gewalt. Erleichterung von Frust durch Gewaltphantasien und Rachegedanken, gerade von „GläubigInnen" wird so vorgegangen. Schwierig wird es, wenn bestimmte Gruppen "gehyped" werden, und wenn man sie gar nicht mehr kritisieren "darf", selbst wenn Gründe vorliegen.

• Rechtfertigung (Fertigung eines "Gesetzes-Rechtes", welches ungerecht ist), "Gottesurteil" (welcher "Gott" kann so etwas wollen und von mir guten Gewissens angebetet werden?), ...

• Überwachung, wie mittels Alarmanlagen, Kameras, ... und ihre Alarme. Überwachung mittels Smartphone.

• Privatbesitz (von lat. „privare": rauben). Ich wiederhole mich: Privare führt zu der Entstehung der Gruppen „arm" und „reich". Zur Notwendigkeit von Regeln, Gesetzen. Demnach zu einem neuen „Richtig", das erst einmal in eine Harmonie mit der Umwelt und in der Gesellschaft gebracht werden muss. Dazu braucht man eine Kraft, die dieses meist ungerechte Gesetzesrecht durchsetzt. Und dann muss, in der Regel, so lange die Gesetze nicht perfekt und eindeutig sind, eine Instanz die Mängel kompetent und ausreichend ausgleichen und die gewonnenen Erkenntnisse, zur Erstellung besserer Konzepte, an die Gesetzbildner zurück geben. Gerechtigkeit ist durch Gesetzesrecht nur ersetzbar, wenn das Gesetzesrecht unter Berücksichtigung der Veränderung genauso gerecht oder besser als das ursprüngliche Gerechte ist.
Das Speichern von Korn und anderen Nahrungsmitteln, insbesondere Saatgut und auch die Speicherung von Wissen, mittels "Medien" hat viel bewirkt. Die Möglichkeiten, Werkzeug relativ sicher aufzubewahren, auch schwere Geräte, war der Startschuss zur Entwicklung genau solcher Vorrichtungen und Installationen, wie Staat, Weltreligion, Geheimlehre, Verschwörungen. Da man die eigentlichen Verschwörungen so nicht als solche sieht, werden unrealistische „Verschwörungstheorien" verbreitet.
„Der Fall" aus den geregelten, eher sorglosen und unbedarften Wanderungen und natürlichen Umgebungen in erstmal eher anstrengende Arbeit, in den größer werdenden Siedlungen, ist n Schock. Mit anfänglich eher „minder-wertiger Nahrung" in den ersten größeren Siedlungen, in

enger Gesellschaft und dennoch gesteigerter Anonymität, da die Hausstände in zunehmendem Maße Barrieren bekamen, war ein Trauma für Mehrheiten der Weltbevölkerung unvermeidbar. Eine Art „Vertreibung aus dem Paradies", das „Ende der Unschuld", die „Sünde des Vererbens", der Grund für die Wanderungen UND die Siedlungen. Der Homo Sapiens Sapiens vertrieb „sich selbst", und erweiterte seine Grenzen, bis die Weite des Globus weitestgehend aufgeteilt war. Dies und die „Ungastlichmachung" der Erde (durch Ausbeutung der Natur, ...) treibt den Menschen auch ins Virtuelle, in die Tiefe der Meere, in Gebiete des Wissens, in seinen Verstand, seine Phantasie, in den Weltraum, ... Menschen werden von den „GesetzesmacherInnen" in so erzeugte „Illegalität" gedrückt, gerade, wenn sie sich nicht anpassen wollen/können. Manche werden dann für Gesetzesbrüche bestraft, ggf. umerzogen, umgesiedelt, ... Also ist das als Verbrechen gesehene Verhalten derer, die „Gesetze brechen", zu großen Teilen zwar unschön, jedoch in fast wörtlichem Sinne „HAUSGEMACHT". Die Wohlhabenden bestrafen bis heute eher die Schwächeren, Ärmeren und generieren Gesetze, die die Position der Mächtigen stärken. Teils ist das ok, überwiegend ist es ein „Unrecht", welches nicht so sehr sanktioniert wird, wie es sollte. Reizvoll ist die Möglichkeit, dass die Massen irgendwann so leben können, wie Generationen zuvor nur die HerrscherInnen. Sterne in Besitz zu nehmen, muss streng und egalitär geregelt werden und darf derzeit unbekannte Faktoren möglichst nicht vernachlässigen.

Für Krieg gegen alles braucht man Unterschiede in:
• Hautbräunung
• Kleidung/Uniformen
• Waffen
• Make Up
• Speisen
• Sprache

- Themen
- Tabus
- Worte
- Grammatik
- ...

- Politik
- Parteien
- Verfassungen
- Redezeitbegrenzung
- Kleine Fortschritte
- Vorurteile gegenüber Politikern und Wählern
- Architektur

- Grenzen, wie Grundstücksgrenzen, Mauern, Datenschutz, Patente, Landesgrenzen, ...
- Musik
- Vorgehen gegenüber denjenigen, die den Diskurs führen, um sie zu limitieren und zu besseren Leistungen zu bringen,...

Monokultur

Dass zu Monokultur (in vielen Bereichen) gegriffen wird, oder dass Leute flächig kritisch zu betrachtendes Neues, z.B. Gentechnik, ohne komplett absehbare Folgen einsetzen, zeigt den Druck, unter dem hier gearbeitet werden „muss". Von wo kommt der Druck, wenn nicht von „Ideologien" und deren Konkurrenz um „ALLES"? Der „Gegner" dient zur Rechtfertigung nahezu jeder Maßnahme und jede Krise dient als Vorwand für rigide Maßnahmen und Gesetze.

• Die „weiße Vorherrschaft" wurde auch realisiert, weil mit der gerade dort kultivierten Technik und der Logik so ein funktionierendes Konzept vorlag. Leider hat das viele Nachteile für manche (soziale und natürliche Umwelt). Die „VorreiterInnen" stürmen auf den Leibern der Unteren voran… (Metapher). Die Vorgaben im Wertekanon haben sich auch geändert: Gaslighting, Shitstorm, Cancel-Culture, Political Correctness, Gendern (auf eine Weise, die mit der Mehrheitsgesellschaft nicht abgesprochen ist), Culture not Costume (wobei doch die unterschiedlichsten Leute Dirndl tragen dürfen sollten oder Kimono,...),... All dies führt zu Irritationen, die geklärt werden sollten. Soll Kultur hier "rein" gehalten werden, von den "VorreiterInnen der Toleranz", soll man Dinge als fremd ausklammern, aus "Gleichheit? Kein Kennenlernen, kein Austausch, alles im Namen des "Respektes"? Wer genau ließ sich hier von wem einschüchtern?

• Mittlerweile gibt es vermehrt „Rassismus" gegen die „männliche, weiße Vorherrschaft". Da werden Pauschalurteile gefällt und Vorurteile bestätigen sich in den Augen der früher Benachteiligten. Hier zu differenzieren, wie auch im „Feminismus", ... wäre Klarheit wünschenswert und würde auch zu mehr ideologischer Abrüstung befähigen. Verstehen erzeugt tendenziell Verständnis für „beide Seiten". Was „Rassismus" ähnelt, ist das, was an der Durchmischung der Ethnien hindert, wobei Unterschiede in Aussehen, Meinung, Lebensweise,... für mich so kein Problem darstellen müssen. Wirklichen Rassismus gibt es wohl nicht, da es gar keine (Menschen-)Rassen gibt. „Rassistisch" wäre demnach jedeR, der/die/das in solchen Kategorien denkt, und in „wir" und „die" einteilt. „Rassismus" ist demnach eigentlich nur Egoismus auf Gruppenebene. Gekennzeichnet werden die Gruppen mit Kleidung, Sprache, Musik, Glaube, ... (siehe „Krieg"). Und: Wenn etwas Rassismus nahe käme, wäre dies am Ziehen von Grenzen und Ausbeutung wegen reinem "Egoismus" erkennbar, sowie an Aufrüstung gegen harmlose also friedliche und vielleich noch tolerante Gesellschaften.

Wirklich: Verständnis für die Gegenseite schwächt deren Kohäsion, macht Grenzen (semi-)permeabel und wenn man Konsens erreicht, ist das oft eine WIN-WIN Situation.
Die Identitätskrise, die entsteht, weil der Trümmerhaufen sichtbarer wird, den „das Patriarchat" hinterlässt, soll in Sachen „Gender" nicht nur eine Diskussion über Grammatik sein. Zwar ist es auch ein wirtschaftlicher Kostenfaktor, der mit der Thematik verbunden ist, aber das ist doch erstmal total zu vernachlässigen. Außerdem ist es auch ein Markt, nicht nur für „Produkt-Konsum", sondern auch für Ideenaustausch. Bei dieser Angelegenheit geht es um gerecht verteilte Anerkennung und auch Wertschätzung, nicht für jedeN (sondern nur für die konstruktiven und sozialen Leute), also für viel mehr und andere Personen. Und für einige geht es um viel mehr Anerkennung und Wertschätzung, Respekt, den sie verdient haben. Einige sollten aber auch mal etwas ruhiger werden, „Pride" kann auch unnötig irritieren und stören. Vielleicht merken das manche nur bei ihren „Gegnern", wenn diese zu „DIREKT" werden und am „generellen Guten" hinter bloß „gutem Willen" irgendwo auch öfter zu Recht zweifeln. Doch, wie so vieles, gilt es für beide „Seiten".

Wer „Pride" hervorhebt, hat mit hoher Wahrscheinlichkeit lange und andauernd das Gegenteil empfunden. Dass dahinter dann ein ursächliches Unrecht steht, ist zumindest sehr Wahrscheinlich.

Noch näher am Kern

Das Phänomen oder auch Problem ist tief in uns verwurzelt. Es steckt auch sehr stark ein Problem hinter „starren Hierarchien". Der Mann zählt für die Kultur mehr, so wie die Frau von der Natur Vorteile „erhalten" hat. Wie der Rest hier im Text, gilt dies nur tendenziell, außer man erkennt als Leser und dann in der Praxis eine 100%ige Gültigkeit, doch ich denke nur anteilig so. Beobachtet einfach die Gesellschaft. Das absolut Gesicherte stellt jedoch, bei mir zumindest, momentan noch die Ausnahme dar. Auch der hier vereinfacht dargelegte „Geschlechterkonflikt" ist stetig auf seine Gültigkeit und sein Ausmaß zu prüfen, auch wenn Frustrationen und Klischees die Schwingungsfähigkeit HIER arg herabsetzen können.

Diese Eskalation will niemand, jedoch ist ja derzeit (2021) Gewalt, gerade gegen Frauen (und andere Gruppen, dort aber wiederum vermehrt die Frauen, ...) nicht wirklich selten. Genauer gesagt: „Ein Vorkommnis ist bereits eines zu viel". Die Tendenz Richtung "weniger Gewalt" war, meinen Informationen nach vor Corona-Zeiten vorhanden.

Jedoch sind auch Frauen an der teilweisen Dysfunktionalität beteiligt. Sie verhindern, durch ihre teilweise Fügung unter die (manchmal aus destruktiven Handlungen heraus „abgesicherten" und dissozialen) Patriarchalen, was beispielsweise Sex und Reproduktion mit diesen angeht, eine psychologische, ökonomische, militärische, ... Abrüstung. Doch das ist so zu tolerieren, da die Veränderung „von oben" kommen muss, wo MANN allzu oft zu finden ist, auch derzeit noch, gerade in manchen Weltregionen und Subkulturen.

Der Profiteur Cis-Mann existiert archetypisch nicht in absoluter Manier, daher sollten die KritikerInnen besser mit Feingefühl gegen die eigentlichen Dissozialen vorgehen als generell gegen Cis-Männer, ansonsten wäre das schnell DISSOZIAL oder wenn gegen "weiße" vorgegangen wird, zumindest anteilig rassistisch.

Insgesamt bin ich „tief im System" gewesen, in der „Maschine", der

„Matrix". Bei letzterem in der natürlichen und kultürlichen. Teilnehmende Beobachtung wandte ich früh an, seit dem fünften Lebensjahr, ungefähr. Weil das System bei mir nahezu komplett zu versagen schien. Ständiger Konflikt, Zweifel, sowie die gespürte Notwendigkeit, Sicherheit zu finden, war mir ein Anliegen. Sicherheit, die mir die Logik bot. Jedoch war diese in jeder Gesellschaft kontaminiert, was zu Fehlinterpretationen und Fehlverhalten meinerseits führte.

Das soll ja hier, im Rahmen des hier Möglichen, in Form einer Aufklärung und Anleitung, angepackt werden. Ich will Klarheit aushandeln und damit schaffen.

Ja, das Buch hier ist schwierig zu lesen und noch schwieriger zu verstehen. Denn ihr steckt zu großen Teilen in „Kognitiver Dissonanz" durch eure stark fehlerhaften Ansichten. Ich habe sicher nicht immer Recht, doch ich merke, wenn ich den Finger oder eher die Hand „ganz tief in der Wunde" habe. Heilt euch, durch Umlernen!

Die weniger Gebildeten, gerade die weniger naturwissenschaftlich informierten, neigen zu „Glauben". Weil er etwas liefert, das man „arbiträre Antworten" nennen kann. Das bedeutet, diese Antworten sollen etwas zur Fragestellung beitragen, stellen jedoch häufig nur Lückenfüller dar, die irgendwas zum Thema sagen, das kaum funktional ist. Gerade, wenn man ein Auto bauen oder reparieren will, ein Flugzeug entwerfen, eine Statik berechnen, ... verwalten Akademiker, ... diese „Ordnung der Regularien". Glaube hilft bei technischen Dingen seltener.

„Gläubige sollen nicht verstehen, begreifen, sie sollen einfache ArbeiterInnen, SoldatInnen, ... werden", Leute, die man mit wenig abfinden kann, verheizen kann. Oder sie werden Glaubens-FührerInnen. Leider existiert das als Strömung. Die religiösen Texte stellen nämlich oft betäubende, beruhigende, einfache, ... Irrgärten dar, oft in Form von langen, widersprüchlichen Texten mit vielen Regeln und/oder

Gleichnissen, geregelten Tagesabläufen, ritualisierter Selbst-Indoktrination, ..., sie sollen Probleme vergessen lassen und Menschen zu einfachen Arbeiten befähigen und in eine bestimmte Richtung „nudgen" (engl.: to nudge = schubsen). Schlecht ist, dass die Methoden der Manipulation der Massen nicht offen liegen. So entsteht, je nach Bildung, Erfahrung, Intelligenz,... schnell ein Machtgefälle und Wohlstandsgefälle. Was auch die Absicht der Ver-FührerInnen ist.

Ein „Gericht" in einer „Endzeit", eine „Hölle", Qualen für „Böse" und „Sünder", all das, als Vorstellung, erleichtert die Gläubigen oft, da ihr Denken nur so Sinn zu ergeben scheint. Die Realität verstehen sie oft kaum, sind von dieser gar frustriert. Genau diesen Frust bekommen Schwächere, Ungläubige,... dann manchmal ab.

Der hier entwickelte Ansatz geht von den, überwiegend dualistischen Gegensatzpaaren in Richtung „Mitte". Von der Psyche auf der einen Seite und dem Staat auf der anderen. Oder von der Psyche auf der einen Seite und dem Körperlichen auf der anderen. Und von dem Körperlichen in das Intellektuelle in seiner Ausprägung als Information oder Emotion, ... Klingt nicht nur komplex, kann sehr schwer aufzudröseln sein. :D

Männer denken oft eher territorialer als Frauen, betonen die Unterschiede, so marginal sie manchmal sein mögen, um Konkurrenz zu „rechtfertigen". Frauen denken eher mit abstrakteren Konzepten auf gesellschaftlicher Ebene, sehen sich eher durch Ideen und Symbole repräsentiert, die verbinden. Männer werden mehr auf Logik getrimmt, was so Handlungen, die Gefühle beinhalten, leichter zu übergehen erlaubt, weil Frauen Emotionales eher erleben, Emotionales aber schwerer zu erklären sein kann (in vielen Fällen). So befähigt eine emotionslose Logik eher zum Ausführen einer medizinischen oder militärischen Operation oder sogar eher einer Tötung, Vertreibung, Folter, ... Eine Emotion, ich meine nicht Aggression und zur Gewalt neigendes damit, da positive Emotionen nur so lange möglich sind, wie man noch

„schwingen" kann. Aggression ist Zeichen einer Tendenz Richtung Zusammenbruch von Kommunikation, angestauter Wut. Gewalt ist bloß die Realisierung des zunehmenden Zusammenbruchs. Mit Verletzungen, Schmerz, naht in zunehmendem Maße „das Ende", welches hier beispielsweise durch Koma, Tod, Hass ... quasi erreicht wäre. Oder auf gesellschaftlicher Ebene durch Indoktrination und Krieg, ... Frauen werden, wie gesagt, emotionaler geprägt. Besetzen da eine „Fürsorgerinnen-Nische" und „HarmoniestifterInnen-Nische", in die sie auch gedrängt werden. Denn „Mann" hat gelernt das zur Stabilisierung einer „kranken" Gesellschaft und „Kranker" Beziehungen zu nutzen. Männer erzählen sich oft Geschichten von der Rechtfertigung der Existenz „ihrer Nation", des „OK des Tötens" von „Feinden", „Bösen", „Kranken", des OK des Schlachtens von empfindungsfähigen Lebewesen, des OK der Zerstörung von Natur.

Dieses Narrativ findet sich in Musik, Film, Game, Literatur, ... Und ich wage zu bezweifeln, dass es besser sein sollte, wenn auch zunehmend Cis-Frauen töten, verletzen, ausbeuten,... was sich anzubahnen scheint.

So werden wir zu Dissozialen erzogen oder sollen dazu erzogen werden. Die Zombie-Apokalypse, das Exorzieren „Besessener", das Töten von „Kriminellen", ... sollen uns einerseits auf Gefahren vorbereiten. Andererseits geschieht so viel BS (Bullshit, der nicht zu viel taugt). Männer halten oft die gesicherte „Ordnung" der Gedanken. Frauen und auch Außenseiter und „Schwache" sitzen im ungesicherten Bereich, (dem eher schlecht artikulierbaren, s.o.). Denjenigen „außen", außerhalb des Gesicherten, außerhalb des oft „männlichen" Narrativ, bringt man bei, nicht immer ihrem Gefühl zu trauen, was sie vom Gefühl entfremden kann. Dass sie üblicherweise ihre Gefühle nicht klar artikulieren können, spitzt die Lage zu. Je reifer eine Gesellschaft, desto entspannter sind gerade die Cis-Frauen dort. Das erkennt man dann tendenziell daran, dass sie sich ähnlich frei, auf ihre Weise oder identisch, wie Cis-Männer verhalten können. In Unterdrückung kommt es zu Brüchen in der Kommunikation, im Verhalten und zu weniger Natürlichkeit oder/und Kultiviertheit. Die Folge ist eine drohende oder wirkliche Zerstörung der

Balance und des Austausches, was zu Recht als Unrecht EMPFUNDEN wird. Psychologie und eine sachliche Verwendung von manchen esoterischen Techniken, kann Menschen in Richtung klarere Analyse und Artikulation des Problems verhelfen.

DAS wäre der Ansatz für einen Ausweg.

Weiterführendes:

Eher richtig ist das Gegensatzpaar „Gut-Schlecht". Glaube kennt eher das Verurteilen und weniger das Verstehen und teilt somit meist in „Gut-Böse".

Wollen nicht gerade die unzufriedenen „MEHR"? Warum sollten die Zufriedenen noch etwas wollen? Was ist befriedigend? Be-FRIED-igend? Die Frustrierten wollen immer mehr, Leute werden erst unzufrieden gemacht. Nur so konsumieren sie Werkzeuge, Waffen, ...

F*** vs. Liebe machen.**

Männer besitzen oft mehr, suchen sich die Frau mit „den besten Genen". Frauen suchen sich tendenziell ältere Männer, die eher etwas materiell abgesichert sind.

Wer seine Bedürfnisse nicht artikulieren kann, kann sich deren Befriedigung schlechter verschaffen.

Landbesitz und Gesetze sind noch die Keimzelle für Vertreibung, Angestelltenverhältnisse, Spezialisierung, einen Druck bei den Armen, der sie in Richtung Kriminalität führt. Karriere oder Hausfrau mit Nebenjob, Teilzeit, ... ist die Tendenz.

Lüge (?): „Du bist die schönste Frau der Welt" vs. Wahrheit(?): „Ich finde Dich schön!".

Achtung: Teil:weise habe ich hier schlicht das "Cis-" weggelassen, weil es einfach nervig ist, sprachlich so einen BS (Mist, der schlechter Dünger ist) zu betreiben. Der Ansatz, sprachlich auf Unterschiede hinzuweisen, um etwas, das mir gar nicht so bedeutsam erscheint, da es eher trennt als verbindet, sichtbarer zu machen, kann gut sein. Das Dogmatische dabei, zeigt mir, wie viel Charakter die derart kommunizierenden haben. Oder wie wenig Charakter sie haben, wenn man aus der Warte schaut.

Ist es "rassistisch", in einer Welt der schwindenden Ressourcen, diese einer Elite zuzuführen? Dann ist es auch zumindest egoistisch, mehr als zwei, drei Kinder zu "planen" zu zeugen. Auch die einheimische Bevölkerung in besser funktionierenden Regionen durch die Reproduktions-Rate der eigenen Glaubensgemeinschaft (ich rede gar nicht von Rasse) oder Ideologie "demokratisch" zu überstimmen ist, bei schwindenden (also immer weniger, um das Wort "schwindend" zu erklären) Ressourcen, zumindest seltsam. Wir brauchen doch weniger Bevölkerungswachstum, wenn der Mars nicht durch "Gebete" besser kolonisierbar wird, als die Wissenschaft es nur annähernd ermöglichen würde. Zudem würde die Entdeckung von "Leben" auf dem Mars und auch anderswo im All, ethische Fragen aufwerfen, die eine Kolonisation aufhalten sollten.

Mission und Selbst-Indoktrination erkennen: Sie sind gekennzeichnet durch:

• Rituale

• Gebete

• Missionieren

• „Gute" Vorsätze, wenig dahinter

• Hygiene und Reinheit

• „Besser-sein"?

• Tabus

• Traumata

• Überforderung

• Gruppenzwang und „Stärkegefühl in der Gemeinschaft"

• Fatalismus und Rechtfertigung: „Die anderen machen es ja auch (nicht)!"

• guter Egoismus (der auch Altruismus-Anteile besitzt) und schädlicher Egoismus

Das als Motivation zu wirklich Gutem (WIN-WIN) nutzen lernen, wäre ein Ziel, nützlich dabei können sein:

• vielfältiges Wissen und verstehen
• RPG, gerade als GM(In)
• Selbsthypnose
• Tagebuch führen

DIY und „das nutzen" heißt in diesem Bereich: Eigene Gebete erstellen, eigene Rituale, ..., mit dem Zweck, zwischen Freiheit und Unfreiheit, zwischen Angst und Wahn, ... willkürlich zu navigieren. Diese Fähigkeiten kann man gut weitergeben. Der Gewinn ist ein Gewinn an Freiheit durch Kompetenz. Gerade RPG können auch noch Spaß machen, es besteht nur die „Gefahr", sich in der dort möglichen „Fiktion" zu verlieren.

Vorteile der „Krise" und ihrer Aspekte

Je weiter von Idealen, Funktionalem man sich, mit entsprechender Aufmerksamkeit entfernt, beispielsweise, wenn man mit gesellschaftlichen Fehlern und Problemen konfrontiert wird, um so genauer können die Daten diesbezüglich ausfallen. Und umso gefährlicher wird es.

Eine reiche Elite kann über mehr persönliche Ressourcen verfügen, die für „teure" Projekte notwendig sind. Leider schafft das eine Wert-Ungleichheit und Armut, mit den typischen Folgen: Hunger, Dummheit, Religion und Glaube, Fanatismus, Terror, Krieg, wirkliche Kriminalität, Umweltzerstörung,... Man sieht ja an den Weltregionen, welches System läuft. Klar, manche Regionen wurden regelrecht "gebrochen", jedoch hätte das nicht zwingend zu der derzeitigen Situation führen müssen. Neue Konzepte wurden gar nicht so sehr entwickelt. Kooperation ist, wie Korruption und Unrecht in vielen Weltregionen nicht wirklich so bewältigt oder umgesetzt, wie der Zugang zu Wissenschaft und Internet,... es hätte erwarten lassen können.

Jedoch kann auch eine „egalitäre Gesellschaft" so etwas mal schlecht, mal gut regeln. Indem gute Ideen gefördert werden und Dummheiten eingedämmt. Indem Bildung und eine Finanzierung von Konzepten von Barrieren befreit wird. Und indem jedeR einen Anspruch auf Zeiten des Reichtums und der Sorglosigkeit gewährt bekommt. Ähnlich einem Live-RPG sollte es ermöglicht werden, die Gesellschaft spielerisch aus verschiedenen Perspektiven zu erleben und zu beeinflussen.

Durch „Crowdfunding" kann man randomisiert Leute mit mehr Wohlstand ausstatten, damit sich kleine Gruppen sehr hochwertiges und tendenziell „Neues", „Fortschrittliches", ... „leisten" können, das sie testen und das auf Dauer zu „Besseren" Produkten für alle führen kann. Aber noch sind wir von derartigem entfernt, weil Glaube, Image, Egoismus, Narzissmus,... sich auch im "Westen" wieder zu angeblichen Werten aufzuschwingen beginnen.

• Wir wissen, dass wir anpassungsfähig sind, gerade durch unseren „Werkzeug-Verstand", dieses „Schweizer-Taschenmesser", und weil wir die Werkzeuge machen lernen, die sich im Verstand widerspiegeln (Spiegelneuronen, gerade bei „Trial and Error" und Fehlern und Lernen am Beispiel anderer, sowie durch die Möglichkeiten der „Aufzeichnung von Gedanken". Letzteres kann den Eindruck erwecken, „Gott" rede mit uns, wenn wir manche Gebete sprechen oder denken („Ich bin der Herr, Dein Gott, ...")).

• Aber: Wir ändern zunehmend die Umwelt. Ähnlich wie das Aufkommen anderer Lebewesen auf der Weltbühne im Laufe der Evolution, die starke Umweltveränderungen herbei führten. Algen, Bäume, ... und ihre „Umweltgifte" (Sauerstoff, Pflanzengifte, ...). So wollen wir die anderen aus ihren Nischen drängen, selbst wenn wir die Natur auch schön finden und gerne so ließen. Unsere Anpassungsfähigkeit ist unsere Waffe oder Werkzeug ... Für ein „besseres", im Sinne von „angenehmeres", „verstandeneres", „angstfreieres", „verbreiteteres", ... Menschenleben. Leider sind wir damit nicht immer total nett und nachvollziehbar.
Derzeit (von der „neolithischen Revolution" bis jetzt (2021) sind „fridays for future", „InfluenzerInnen", „GendererInnen", „WissenschaftlerInnen", „DemokratInnen", „GläubigInnen"... TreiberInnen des „Fortschritts", hoffentlich wirklich mit zunehmendem Bewusstsein für eher „Gutes". Fortschreiten hinterlässt nämlich auch hässliche Spuren, selbst wenn man von „HIER UND JETZT" die Richtung auf einen besseren Kurs führen sollte. Hässliche Spuren werden durch „Cancel-Culture" beseitigt, ... Wir lernen an „Terra" den „Terro(r)" des „Error" Terraforming. Um das Verändern anderer Planeten zu erlernen. Wieder einmal tötet das viele von uns, vor allem Cis-Männer- „Crash Test Dummies" und eventuell werden auf Mars, ... „UreinwohnerInnen" vertrieben, nicht als „Leben" gewertet, als „lebensunwert" angesehen, als „Feinde der harmlosen Siedler, die nur ein

bisschen Land wollen"... Negatives aus der Geschichte muss im Gedächtnis bleiben, damit es sich nicht auf diese oder ähnliche Weise wiederholt. Und dass wir ein Paradies bauen wollen und dafür manchen eine Hölle bereiteten, ist wichtig zu wissen. Auch, weil diese „Kompetenzen" auch mal wieder Nützlich werden könnten, so traurig das klingt und wäre, die Menschlichkeit und das positive daran aufzugeben, um Überfluss hier und Mangel dort zu generieren, kann man nur mit wirklich guten, alternativlosen Argumenten teil:weise begründen.

• Monetarisierung, Kommodifizierung, ...: Alles kann zunehmend gegen Geld unterschiedlichster Art oder Besitz wie Wissen getauscht werden. Doch, wer zu unrecht Geld bekam, kriminell z.B. Gefühle, Recht, ... verletzt, während er konsumiert (Prostitution zu starken Teilen inhuman, misogyn, ...; Kinderarbeit muss enden, ...), der muss Hürden in den Weg gestellt bekommen und letztendlich „Bewusstsein" auch seiner/ihrer Taten erdulden. Denn jedes Menschen Freiheit ist als gesunder Kompromiss in Erwägung der Freiheit relevanter anderer AUSZUHANDELN.

• Staat und eine gerechte Regierung im Austausch mit den damit zunehmend mündigen BürgerInnen KANN viel Gutes bewirken. Lernen und Kennenlernen in sinnvollen Grenzen kann soooo gut sein. „Konsens mit beiderseitigen Vorteilen/gute Kompromisse". Man kann viele Themen zu Ende diskutieren, auch wenn viele damit schlechte Erfahrungen verbinden, man braucht nur vorübergehend viel mehr Zeit! Wenn Themen im Trauma-Bereich und kognitiver Dissonanz aufkommen, sollte man den dort Schwächeren, schlechter aufgestellten, ... Ruhe gewähren, so möglich. Angstkonfrontation soll Mut und Zuversicht auslösen, nicht Panik und damit vielleicht Einengung triggern. Mut, der Angst mindert, weil sie sich seltener als erwartet bestätigt, befreit von Angst, sonst kommt es zu Frustration und Aggression und dann zunehmend Gewalt.

Der TOD als Aspekt der Existenz oder deren Ende ist gar nicht so

schlimm, eher neutral. Das Sterben kann schlimm sein (Na, habe ich Dich „getriggert"?)! Suizid als Ausweg muss unter sinnigen Bedingungen frei gestellt werden, damit eine größere Freiheit auch hier Einzug hält.
Gewisse Fehler sind erlaubt, traut euch! „Ich bin ok, Du bist ok. Oder?"
Auf Schwächen in der Aufstellung der Meinung anderer DRAUF zu hauen, ist abartig! Humor wäre, in Maßen, gut, da er eine Ausprägung von MUT darstellt.
ZEIT ist ein entscheidender Faktor. Lasst euch (nicht zu viel) Zeit und nutzt die Zeit. Leute, auch sich selbst zu töten, sollte jedenfalls immer die allerletzte Option sein.

• Lügen kann auch Leid mildern, ist nicht immer schädlich UND fördert Gedächtnis, Kreativität, Streben zu einer „Erfüllung", Geschichte(n), ... Neuem. Das ist eine Option, die jedeR dann selbst zu verantworten hätte, wenn die Wahl auf das Mittel "Unwahrheit" fällt.

• Das Fehlerhafte führt zu Lernen, das Falsche zu Verbessern, das Schlechte KANN zu Gutem führen (man lernt wie man es nicht macht), ...

Wer steckt dahinter, „TäterInnen-Suche" mittels „Cui bono"?

Wer sind die Profiteure und die VerliererInnen im derzeitigen geschichtlichen Kontext? Eine Liste der „PlayerInnen" vor und nach einem Wandel.

• PsychologInnen, ÄrztInnen, Wissenschaften, Banken, Gewerkschaften, Geld-InvestiererInnen, ... profitieren von den Kenntnissen der Spaltung der Gesellschaft, der Schädigung der Körper, der Trennung in Nationen, der Spaltung des Atoms (wie in Hiroshima, ...), der „Spaltung des Geistes", Splicing, ... (Das ist stark metaphorisch gemeint.)

• Die Hoffnungslos scheinende Situation erzeugt aber auch das emporsteigen von Starken, von Verstehenden, von Heilung, von Schöpfung, von Verbindungs-Techniken, Fusion, ... und Musik, Poesie, ... die uns weitermachen lassen. Motivation als Motiv in Film, Bild und Lokomotive, Auto-motiv, ...

• K.I., VR, AR, ... und weitaus realistischere „Illusionen" und Bewußtseine, sind zu erwarten. Arbeit kann, ab einem gewissen Punkt nahezu vollständig von Robotern, ... erledigt werden. Auch hier ist ein Pro & Contra abzuwägen. Menschen benötigen fast immer Aufgaben. Was, wenn ihnen diese Chance zur Verwirklichung genommen werden würde? Schwierig! Viele denken, ohne Arbeit wäre alles „besser". Jedoch sind anscheinend gerade Arbeitslose stark von psychischen Abweichungen und Krankheiten, die häufig aus Ängsten kommen, betroffen. Auch sind viele „auf Arbeit" am glücklichsten, wenn man verschiedenen Studien vertrauen will. Dass durch ein Leben ohne das, was man als Arbeit sieht, auch Menschen befähigen kann, besser ohne „Arbeit" klar zu kommen, zeigt hier wieder weiteren SINN. Jede biologische oder soziale Nische erfüllt, soweit ich das sehe, ihre Aufgabe. Gleichwertig sind die Positionen jedoch nicht.

Denn: Freiheit nimmt allgemein zu, wenn Menschen über mehr Wohlstand und Möglichkeiten verfügen. Doch die Motivation, auch zu „niederer", unangenehmer Arbeit, „darf" bloß langsam zurück gehen. Insgesamt haben wir alle oder besser eine große Mehrheit in den reichen Staaten bisher profitiert. Große Gruppen aber auch nicht. Der Kipppunkt hier ist „das Ende des Wachstums", welches beispielsweise auch die „Fridays for future" markieren, die erste Generation, die ein „Wachstum" nicht mehr auf die bisherige Weise spüren könnte. „Torschlusspanik" lässt sie andere antreiben und treibt sie. In Richtung „Nachhaltigkeit", „Recycling", Kritik am System, ... Selbstkritik. All das erhöht die Wahrscheinlichkeit für mehr Bewußtheit. Aber es ist für die "Etablierten" in den bisherigen gesellschafttlichen Strukturen schwierig, zu sehen, dass auch oder gerade sie etwas ändern müssen. Die Aufgabe von Privilegien, Besitz, Macht,... fällt noch vielen schwer. Auch ein Umlernen wird prokrastiniert oder behindert...

Notwendige Maßnahmen zur Bewältigung der „Krise"

Wieso rede ich von einer Krise? Weil vom Willen her „gute" Menschen zu Kriminellen erklärt und verfolgt, vertrieben, interniert, hingerichtet, verschlissen, umerzogen, isoliert, krank gemacht,... werden!
Weil die Entwicklung gerade die schlechtesten Seiten und Anteile der menschlichen Persönlichkeit befördert, was immer stärkerem Einschlag im Genetischen (biologische Faktoren), Gesellschaftlichen (soziale Faktoren) sowie Kognitiven (psychologische Faktoren) zeitigt, während es die Umwelt weniger gastfreundlich macht. Worauf bereits seit längerem diverse Faktoren hindeuten. Zudem kann die tendenzielle Überforderung, die provoziert wird, indem die Mächtigen die Umwelt zu ihren eigenen Gunsten oder zu geringerem Schaden für sich manipulieren, dazu führen, dass ein Handeln erschwert und gefährlich verzögert wird.
Die Folgen für die Umwelt sind umfassend, was aber auch tiefe Einblicke in die Struktur der Realität liefert. Die Natur in der Welt, wie auch in uns, wird „viviseziert". Natürlich führt das zu einer Art Schmerz, zu einem Trauma, zu Irritationen. „Nicht zu wissen", was man tut, ist kein gültiger Grund dafür, dass Leute damit durchkommen dürfen. Der Himmel, die Erde gehört, wenn sie Eigentum sein können, allen. Dummheit, die man selbst durch Handeln oder Nichthandeln repräsentiert, muss mit Bildung umfassend gemildert werden. Wer unmündig sein will oder bleiben muss, sollte bei der Entscheidungsfindung im idealen System gehört werden. Jedoch nur soweit plausibel, Einfluss erhalten. Die Gleichheit im „quasi-nicht Besitzen" und die Ungleichheit im durch Besitz erzeugten Ungleichgewicht in der individuellen oder gruppenbasierten Macht, Wohlstand, Bildung, ... ist offensichtlich. Und es ist der Beginn einer Jahrtausende dauernden Odyssee durch die Welt, nur um am Ende auf sich selbst zu treffen. Und die Expansion muss neue Formen annehmen, in das rein-Virtuelle gehen oder in kleinen Feldversuchen stattfinden,...

denn das verzögert die Katastrophe und mindert die Opfer in der physischen Welt. TRANSPARENZ, WERT-GLEICHHEIT, DEMOKRATIE und ERLEUCHTUNG machen große Teile des Fundaments (Fun, da mental :)) aus, auf dem eine ganzheitliche Gesellschaft allen Lebens sicher konstruiert werden kann. Das, ohne dogmatisch Dinge, Ideen, Erkenntnisse, Wesen, Materie, ... aus zu klammern. Die entscheidende Frage für mich ist dabei: Ist die Lösung ihren Preis wert? Weckt man zu unrecht schlafende Hunde, wenn man die kriminellen Anteile des „Gesetzes-Rechts" aufzeigt, den Staat damit in Frage stellt und die Lügen der verschiedenen Ideologien offen präsentiert (Demokratie, Religion, Kommunismus, Esoterik, Verschwörungen und Verschwörungstheorien, ...)?!

Als Lösungsweg bietet sich an:
• Spiegeln der eigenen Fehler am „kategorischen Imperativ".
• Gewaltfreie Kommunikation.
• andauernde „Kommunikation", bis sie zu Ergebnissen führt.
• Rollenspiele und Rollensimulation.
• Lehren und Lernen am „Modell K.L.".
• Simulation der Welt im eigenen Bewusstsein und in Computern und anderen Spiel-Plätzen.
• Die Erkenntnis, dass „Glauben" nicht „Wissen" darstellen muss.
• Teilen: Mitteilen, was schlecht läuft. Aufteilen von Arbeit. Verteilen von Besitz, je nach Bedarf, auch Verteilen von Privatbesitz. Alles so gewinnbringend für die Allgemeinheit, wie möglich nutzen.

Und dass Ideologien „Antworten" liefern können, die nicht zwingend die Fragen beantworten, sondern nur eine Weise darstellen, zu verschleiern, dass man etwas nicht wirklich weiß.

• Die Notwendigkeit zu einem „gesunden Misstrauen", wenn man unbedingt doch FührerInnen, ideologische Ideale haben will. Und der „Zwang", nicht hinter einer Person, einer Institution, einem Glauben stehen zu müssen, wenn diese Ideologien und „Symbole" falsch agieren und falsches fordern. Egal wie „gut gemeint" alles ist.

• Konsens, mal wieder! Redet und verbessert eure falschen Ansichten, lernt.

• Allgemeiner Wohlstand muss gleichmäßig (in gleichem Maße) einfach möglich werden. In Einklang mit den Möglichkeiten der Natur, das zu unterfüttern. UND: Die Natur hat Rechte. Naturrechte! Gerade, weil Cis-Frauen diese für sich oft eher missen, ist die Gesellschaft unsymmetrisch und es stocken bedeutsame Prozesse. Von den vernachlässigten RECHTEN der GENDER, die von Heterosexuell abweichen, rede ich nicht nur, potentiell wurde dort lange Unrecht erzeugt.
Wohlstand führt zu wahrscheinlicherem Überleben und ohne das Zuviel an Angst. Dann, bei Wohlstand, „wollen" Frauen oftmals weniger Kinder, bzw. nötigen die Männer sie weniger zu „Altersvorsorge" durch das „Machen" von Nachwuchs.
Ja, Kinder sollen die Eltern im Alter auch absichern. Da sägt aber jemand an dem Baum, auf dem er sitzt. Die Zunahme der Weltbevölkerung ist so sinnvoll zu bremsen, indem man Mädchen in armen Regionen, in denen die Geburtenrate hoch ist, bevorzugt (leider wäre oder ist das bereits für Jungen zunehmend übel), generell Wohlstand schafft, Frauen eine Wahl und Sicherheiten, wie Gesundheitsfürsorge, ... gibt und die Umwelt schützt. Das ist ALLES absolut bedeutsam. Auch weil die Massen an Hungernden Angst machen, sie wollten etwas von den satten, übersättigten, „Völlerei"-Leuten. Die Angst vor den „Horden der Armen" führt zu einem Hang dahingehend, sie einzuschränken, gerade weil bei den (zu Unrecht) Reichen ein latentes schlechtes Gewissen vorliegt. Doch so erschafft man sich bloß Konkurrenten, die Vermehrung als Waffe nutzen. Sei es, dass Arme potentiell SoldatInnen, FlüchtlingInnen (die sich ein besseres Leben erpressen,...), politische Macht (mit Stimmen in einer Demokratie, obwohl flächig teil:weise wenig Kompetenz vorhanden ist),... darstellen. Sei es dass FlüchtlingInnen Subkulturen bilden, die so

wenig funktional sind, wie dort, von wo sie flüchteten,...

Ob man Hungernden „nur das Minimum zugesteht" oder weniger qualifizierte Arbeit (leider sind sie daher austauschbarer), für die man aber auch dringend Leute braucht, schlechter bezahlt. Frauen müssen in dieser globalen Situation zukünftig und bis auf Weiteres besser als derzeit verdienen, um Männer mehr unter Druck setzen zu können oder auch um sie zu entlasten, ich meine hier überwiegend Cis-Männer und Cis-Frauen. Das ist so wenig es geht GEGEN die Männer, sondern FÜR mehr gemeinsame Vorteile.

Dass Frauen nach „finanzieller", „materieller (von lat.: Mater - Mutter) Sicherheit streben, da sie es eher müssen, ist überwiegend gültig. Ihre Bindung an die eigenen Kinder ist respekteinflößend oft respekteinflößend stärker. Bei manchen Frauen wirkt es fast, wie beiläufig getan! Das führt dazu, dass zunehmend unsozialere Cis-Männer, die Profiteure des Unrechts, materielle Sicherheit bieten, die „attraktiveren" Frauen schwängern und zu ihrer Unterstützung „haben" können, in Tendenzen gesprochen. Somit setzt sich das eigentliche dissoziale Verhalten als „genetisches Merkmal, als Eigenschaft" durch und die Cis-Männer stellen ihr Treiben nicht ein?!

Arme Leute sind oft, notgedrungen, auf mannigfaltige Weise, sozialer. Selbst, wenn darauf von „oben" herab gesehen wird. Weil, „man zivilisiert und grammatisch korrekt in Deutsch" reden soll, wenn man „gerne aus dem Sumpfloch herausgezogen werden will, in dem Mensch gerade versinkt." Dieser Anspruch, einer "kultivierten Sprachwahl", während man an den Rand der Gesellschaft gedrückt wird, ist illusorisch und perfide.

Beachtung soll auch finden, dass Männer und Frauen (beides eher „Cis-") sich gegenseitig Wohlstand, Macht, Privilegien, ... streitig machen oder gewähren. Das behindert die weitestgehende Gleichberechtigung. Gut wäre da, wenn Cis-Männer sich für Frauenrechte und Cis-Frauen sich für Männerrechte stark machten. Auch als Zeichen des guten Willens aber vor allem, weil gerade sie es in der Hand haben. Letztenendes sollten alle das verdienen, was sie sich zu Recht verdient haben.

• Warenketten straffen. Prozesse abgesichert virtualisieren. Redundante Systeme unterschiedlicher Grundlage aufbauen, überflüssiges deaktivieren. Besitz, so weit sinnvoll, allgemein zugänglich machen und nicht NUR virtuell aufziehen (Cloud, K.I., Wikipedia, Aktien, Achievements, Kryptowährungen, Universität, ...)

• Die Vetternwirtschaft (überwiegend praktiziert von "Vettern", Cis-Männer) in der westlichen Welt aufgeben und soziale, mentale, ... Ebenen permeabel machen. (Permeabel= Durchlässig). Damit sich Talente und nicht „die Mafia", "Vitamin-B",... durchsetzen.

• Unzufriedenheit und Frust durch ungerechtfertigte Unterscheidung reduzieren aber, so lange nötig, nicht beenden. Werbung als Ursache von Un(zu)frieden-Sein entlarven und dennoch als Quelle von „Belohnen", „Selbst-Belohnen" beibehalten.

• Produkte bei Ressourcenmangel recyclebar, reparabel und ungiftig und haltbarer UND gleichzeitig verwertbarer machen. Zum Nutzen des Erworbenen erziehen, Wegwerfen brauchbarer Güter erschweren.

• Für alles den besten Moment finden (mein Wunschdenken).

Erste Symptome für tiefgreifenden Wandel

• Statt eher zu fragen, ob Impfen so richtig ist oder nicht, fragen die Meisten jetzt, welcher Impfstoff der bessere ist.

• Statt zu fragen, ob man nicht besser weniger auf Autos setzt, fragen manche welches Modell besser zu ihnen passt.

• Statt zu fragen, ob man nicht mit dem Hineinpfuschen in die Natur langsamer machen sollte, überlässt man es armen Kindern, Elektrogeräte auszuschlachten und in Kobaltminen zur Gewinnung von Rohstoffen zu arbeiten, für die tolle E-Mobilität.

• Statt eine Kompetenz in Jura, Psychologie, ... zu erwerben, „betet" man regelrecht Politiker, Therapeuten, „GötterInnen"... an.

• Anstatt eher Monokultur in Frage zu stellen, kauft man im Supermarkt lieber billig ein.

• Statt die Gesellschaft gesünder zu machen, integriert man Leute, die Leiden, weil sie mehr Konflikte „sehen" in die kranke Gesellschaft, indem man sie das Übel ertragen lehrt. Was zum Wandel wenig Gutes beiträgt, eher Schlechtes. Leute, aus Mangel an Verbesserungsmöglichkeiten in ein dysfunktionales System integrieren, und die Macken so kaschieren, verdrängen,... führt zu einem Wachsen des Problems. Welches so aber auch sichtbarer und deutlicher erkennbar wird.

• Statt als Trans-Mann zu sehen, dass man nicht körperlich das

Geschlecht wirklich wechseln kann, will man wenn man sich mit Männer-Genen als Frau sieht, komplett eine „Frau sein". Die "Realität" zu verzerren, kann Verbesserungen aufhalten. Manchmal ist es schlecht, wenn die Leute (zu Unrecht) zufrieden sind. Es wird aber vielleicht irgendwann Möglichkeiten geben, wirklich gänzlich das körperliche Geschlecht zu wechseln.

• Die Sterne sagen zu waaaaahnsinnig geringem Anteil die Lotto-zahlen voraus vs. Sterne sind Sonnen, die…

• Den logischen und oft erwiesenermaßen funktionalen Erkenntnissen die K.I.'s liefern können, nach Prüfung der Analyse ggf. folgen.

• „Vertreibung aus dem Paradies" reversibel machen, zumindest temporär.

• Neuregelung der Ver-Erbsünde: Vererben von allzu viel Besitz, Wissen,... darf nicht einen Geld-Adel,... erzeugen. Selbst, wenn man es aus (falsch verstandener) Liebe zu seinen Kindern, "seinem Volk",... macht. Neuregelung des Privatbesitzes.

• Die „Zäsur", den Schritt aus dem relativ Bekannten, dem Sicheren Leben der Kindheit, der Matrix für die jungen, formbaren, das Ganze überwiegend als Trauma erlebenden Babys schonend oder „kurz und schmerzlos" gestalten.

Wie mache ich das nachweislich „Beste" daraus? Was ist eigentlich real? Was ist noch möglich?

Stellt euch Fragen:

• Schützt mein persönlicher Glaube nur vor einer authentischen Realitätserfahrung oder basiert er möglicherweise auf „verdeckten" Fakten?

• habe und brauche ich eine „Verteilung der Risiken", dann wäre doch eine gewisse Diversität gut?!

• brauche ich Auslese?

• bin ich sozial?

Darf man real oder virtuell Kranke (Zombies, Mutanten, ...) töten? Oder Hässliche? Oder Sündenböcke („Hexen", „Andersdenkende", „Fremde", ...)?
Darf ich PRO-eigene-Ideologie sein, wenn das andere benachteiligt?
Meiner Meinung nach, und dazu dient auch dieser Text hier, ist zuallererst das Erlernen der „Sprache des Konfliktes" von Nöten.
Das heißt, erstmal muss man erlernen, über die Problematik zu reden.
Eine nicht-esoterische Nutzung und damit Deutung des Tarot oder anderer flexibler Modelle des „inneren und äußeren Erlebens" hat mir persönlich viel gebracht. Auch DIY-Schaffung von Medien, Entwickeln eines Tarot wäre nur eine Möglichkeit, die sich anbietet, erweitert die Denkmuster UND kann sie „entschlacken". Werdet „Prod-UserInnen"!
Die "Reduktion von Komplexität", beispielsweise durch das Schreiben und Erklären von Zusammenhängen auf immer einfachere und knappere Weise, schafft Raum und damit Freiheiten.

Das Nachdenken über das Denken kann stark belasten und führt möglicherweise in „die Krankheit". Doch so kann man auch „die Heilung" finden und diese von dort verbreiten, nahezu „viral". Die Wissenschaft, die dazu befähigen kann, ist insbesondere die Psychologie. Andere Denkweisen zu erproben, ist wie eine Abenteuerreise, kann zur endlosen Odyssee werden und Dich auch vielleicht schlicht töten. Doch, lernen beginnt im Unbekannten, auch wenn es (das Lernen) dort auch endgültig vernichtet werden kann. Gibt es einen „Satz der Erhaltung der Information"?

NarzisstInnen können sich auch eher ändern und sozialer werden, wenn sie anderer Recht verstehen lernen, neben ihrem eigenen.

Das Schwingen, tendenziell „bipolare", vieler Menschen, von positiven Gedanken, Ideen, Gefühlen, Verhaltensweisen, Lebens-situationen, ... in Zweifel, Hoffnungslosigkeit, ... und der Gebrauch von Mut in Form von „Humor, Ironie, Zynismus, Sarkasmus, Perversion, Satire..." um sich und anderen dort Wege heraus zu zeigen. All das ist, in Maßen, richtig. Humor kann befreien. Ist das nicht gewünscht? Während man derzeit bei diesen Kommunikationsmitteln meist nicht mehr tut, als zu lachen, weil man die Situation nicht ausreichend ernst nehmen kann und will, aus Mangel an Kompetenz, um dort heraus zu finden, ist das Lachen aus Freude heraus sehr selten geworden. Oder geschieht dies aus Mangel an Motivation/Kraft/Energie/…, weil wir alle oft am Limit des uns Möglichen arbeiten, ... erklärt sich nun von selbst.

Auch wenn ich hier im Text stark simplifiziere oder auf „gut Deutsch": Vereinfache. Mit der Moralkeule und „mimimi" Leute zum schweigen zu bringen, ist nur selten hilfreich.

Aller Anfang kann so schwer sein, wenn auch dementsprechend nicht immer und für JEDEN (Menschen). Doch, was, wenn der Anfang (von allem?) eine „sich selbst tragende Säule" wäre?!

Muss es einen Anfang gegeben haben? Ist ein Anfang nicht ein Erklärungsmodell, das der „kognitiven Disposition" des Menschen entspricht? Für uns Menschen gibt es Anfang und Ende. Oder? Ist da nicht ein Bindeglied (man beachte das Wort)? Die DNA gibt das Leben ja weiter… Ist diese Verbindung nicht eine Lücke im Erklär-ungsmodell einer Endlichkeit? Eine Lücke im übertragenen SINN?! Poppers Falsifikationismus, sowie Gödels Unvollständigkeitssatz deuten darauf hin, dass Systeme (Systeme verstanden im SINNe Luhmanns, z.B.) immer unvollkommen sind.

Wenn auch eventuell nicht das System der Systeme unvollkommen sei. Jedoch das System in dem wir wahrnehmen, es könnte, überall vollständig, nicht existieren, das Existierende ist IMMER nur dann vollständig, wenn es das „Nichts" einschließt, welches wiederum eine Lücke darstellt. Die von mir entwickelte „Fehlersophie" macht Systeme, gesellschaftlicher, mathematischer, kognitiver, ... Ausprägung introspektiv. Was zu schildern ist, ist ein auf Logik basierender Schluss, der Emotion, Politik, Wirtschaft, ... vereinheitlicht, während er „organisch" bleibt. Als Basis dient ein Nullpunkt, ein „Tara" auf der Waage, die Grenzerfahrungen des „Nahtods" und des „Verlustes der Analysemöglichkeiten des Verstandes durch eine allzu große Datenmenge", eine Art Overload, der als „Filmriss" den Verlust des Verstandes bewirkt, was ein "Finden des Verlorenen" erst möglich macht.

Doch ein Loslassen von Gewohnten ist leichter, wenn man ein Netz hat oder eines vermutet, das einen aufzufangen in der Lage ist oder scheint. Ist der Cis-Mann ein „Crash Test Dummie", der Risiken eingehen soll und mit hohem Gewinn gelockt wird ...? Ist die Logik nicht eine Sicherheit, die uns Mut gibt, uns ins Unsichere zu wagen??? Sogar die Verantwortung, diese "Macht" zu nutzen?

Wäre alles auf der Welt, im Kosmos, ... relativ, wäre auch das Relative relativ. Daher wäre es letzten Endes nicht-relativ. Wäre alles endlich, wäre auch das Endliche endlich, demnach nicht-endlich. Ähnliches gilt für das Fehlerhafte. Sei alles Fehlerhaft, gälte das Gleiche für die Fehlerhaftigkeit an sich, womit sie „nicht-Fehlerhaft" wäre. Dort käme es zu einer fehlerhaften Fehlerhaftigkeit, die demnach an ihren Grenzen begrenzt wäre. Dort wäre sie Vollkommen fehlerlos. Nicht mehr fehlerhaft.

Synonym gilt dies für die Begriffe Unvollkommen, Unvollständig, Unperfekt, ... Ist nicht teil:weise nur teil:weise gültig? Universell oder generell gesehen kommt dies einer Struktur gleich, die von „unperfekter Perfektion" zu „perfekter Unperfektion" springt, und das in perfekter Weise. Sie ändert sich stetig, wächst die meiste Zeit, schließt sich jedoch nach jeder Erweiterung (oder Verkleinerung) zu erneuter Vollkommenheit. Eine komplette Auslöschung bleibt möglich, wird jedoch zunehmend unwahrscheinlich und beinhaltet eine Chance auf eine erneutes „Auferstehen", einem Phönix ähnelnd. Und die Dualismen hier schwingen im Dualismus: Dualismus-Monismus, was zu einer Dreiteilung führt… Hochkomplex aber trivial. UND: Der passende Begriff für das, was dieser Struktur widerfährt, wäre: Sie lernt!

Aber: Ist das nur eine Interpretation des Geistes, des menschlichen Bewusstseins? Etwas SINN, den ich in die Welt hinein projiziere??? Mir deucht es eine Vereinigung aller DUALISMEN zu MONISMEN. Ungesellige Geselligkeit. Kooperierende Konkurrenz. Wilde und Barbaren, die ein Spiel formen? Ist da ein Dualismus aus Dualismus und Monismus, der einen ewigen Monismus annähert, der zuletzt dem „Nichts" gegenübersteht?! Weia, hier beende ich das besser mal für mich... ihr könnt das ruhig weiterdenken. :D

Die Unterscheidung von objektiver Wahrnehmung und dem, was wir in die DATEN hineininterpretieren wollen, gleich einem Narziss…, das ist ein Terrain mit vielen Fallstricken. Karma, das ist das, was wir an SINN in die Welt hineindeuten, damit wir uns eine Balance anzustreben bemühen, eine Balance mit unserer Umwelt. Auch als Mittel der Regulation dessen, was wir geben und nehmen, was in einer an Ressourcen begrenzten Umwelt nützlich ist. Das Kollektive Unbewusste kann aber auch Karma-ähnliches formen.

Dieser Text bemüht sich um eine möglichst vollständige Klärung der elementaren Sachlage. Dabei bemüht er sich um eine Meta-Ebene über dem Text selbst. Darüber konstruiert der Text eine weitere Meta-Ebene. „Der Text" wird geschrieben vom Autor, der sich selbst im Text „spiegelt", bis in die „Unendlichkeit", jedoch ist für eine „totale Beobachtung" eine Notwendigkeit zur Bewegung des Autors gegeben, da er sich selbst im Spiegel „im Weg" ist, darunter leidet jedoch die

SYNOPSE, bis …

… ja, bis: Ein aus stetigen Perspektivwechseln ein Bild der Natur, verquickt mit der Natur des Denkens, verquickt mit der Natur des durch Denken in der Natur veränderten und in der Natur des im Denkens veränderten, … entsteht. „Das Denken gebiert das Denken. DAS ist das Denken. Und DAS ist das Denken über das Denken. UND das ist …". Feedback. BUMM!!! :D

Wo „befinden" wir uns bei alledem?

Die derzeitige Lage ist, wie im geschichtlichen Kontext, zunehmend bedrohlich. Einzelne erlangen Macht, die sie schwer bändigen können. Denkweisen werden verboten und Personen werden Äußerungen untersagt oder sanktioniert. Ungleichheit, Medien als „Verstärker", Zensur, „Framing", „Diffamierung", „Shitstorm", „Fake-News", Denk- und Verhaltensweisen, die Richtung „krankhaft" gehen.

Eine „Zähmung der Widerspenstigen (Angst)" scheint das einzige Mittel. So schildert dieser Text eine möglichst schonende Lektion für so ziemlich jedes Individuum. Der Autor bemüht sich um die Vermeidung schockierender Einsichten, die zu Wahn-SINN oder PANIK tendieren lassen könnten. „Ent-Täuschung" (eine Befreiung von Täuschung) wird genutzt, um SINN zu offenbaren. Mittel der Wahl ist „Wahrhaftigkeit", nahezu schonungslose Ehrlichkeit, so weit man „Wahrheiten" kennt. Doch soll die Art der Ehrlichkeit, da im Text, den man auch weglegen kann präsentiert, genau dadurch in kleinen Schritten konsumiert werden. Wenn es Wandel gibt, jedoch jeder Mensch, in der Regel, nur sich selbst versteht, woran liegt Letzteres und wie macht man das nutzbar? NarzisstInnen oder Egoisten denken in erster Linie nur an sich selbst oder denken, dass sie das tun (für sich sorgen), indem sie an sich selbst denken. Egozentrisch. Sie haben manchmal erlebt, dass sie ausgenutzt werden, wenn sie an andere zu denken beginnen. So kämpfen sie halb blind in eine Richtung und schlucken an ROHSTOFF, egal ob Mensch,

Tier, Pflanze, Land, „Geld", Reputation, ... was sie können. Dadurch werden sie langsam manches Mal „extrem" und damit tendenziell unsensibel. Doch, da damit Macht verknüpft werden kann, müssen die „Fresser der Welt" eigentlich auch Kompetenzen erwerben, woran sie die halbe Blindheit jedoch zunehmend hindert. Folge des Ganzen ist, dass es zu „Opfern von Unrecht" kommt. Wobei Unrecht hiervon „nicht richtig" abgeleitet sei. Und das führt zu Opfern, die durch ihr Erleben von aus dem Unrecht bei ihnen entstehenden Leid, auch mal zu Tätern werden. Die Welt wird von den eigentlich Dissozialen zunehmend "negativ" bewertet, dadurch rechtfertigen sie ihr schädliches Verhalten.

Mögliches Zitat: „Die anderen sind reicher oder unsozial, da sie den Staat (aus-)nutzen, sich mehr zu nehmen, als ihnen zusteht. Ich habe auch so ein gutes Leben verdient, da ich auch gut bin (obwohl ich es nur gut (mit mir) meine). Daher sorge ich dafür, auch gegen das Gesetz, das ich als Unrecht empfinde, mir meinen Teil zu holen. Selbst, wenn das zu Opfern führt, die dann genauso handeln." Ihr seht: Eine Maschinerie wird in Gang gesetzt, die blind und hemmungslos und immer gieriger frisst, bis alles „wüst und leer" ist? Auch hier gilt „Gleichheit ist Glück" (Titel eines Buches, das anhand vieler Statistiken herzuleiten bemüht ist, dass Gesellschaften mit stark homogener Verteilung von Wohlstand „glücklichere Bewohner" haben sowie stabiler sind).

Ich sehe mich hier als Ausnahme, da ich einfach nur mehr Vernunft bei anderen will, zu quasi aller Leute Vorteil. Wenn auch die derzeit am stärksten Profitierenden vorläufig einen niedrigeren Lebensstandard, manches betreffend erwarten müssten. Was sind also die Hemmnisse, die solch ein „besseres" Zusammenleben verhindern, wenn alle zumindest ein besseres Leben wollen. Am Willen scheint es nicht zu liegen. „Besser" will es wohl JEDER Mensch …?! Doch manche nutzen ihre Ressourcen und Möglichkeiten gegen andere, zu ihrem vorläufigen Vorteil. Indoktrination ist eines der Fundamente des Unrechts. Die Reichen haben ein gutes Leben verdient, die anderen auch! Seid doch bitte wenigsten zu euch selbst ehrlich.

Der Widerstand

Es gilt, im Guten, feinfühlig und wohlwollend, folgende Hemmnisse zu meistern:

• Das erste Hemmnis ist die Angst, sie sorgt jedoch für die notwendige Vorsicht.

• Das zweite Hemmnis ist die Faulheit, sie sorgt jedoch für energiearme, wenig aufwändige Lösungen.

• Das dritte Hemmnis ist die Dummheit, diese „Armut im Geiste" sorgt für eine enorme Einfachheit von Lösungen.

• Das vierte Hemmnis ist die Armut, die dazu führt, dass Ressourcen gewonnen und recycled werden, weil sie einen Wert darstellen. Dieses Hemmnis ist schwer zu beseitigen, da es extrem nützlich ist, jedoch zu extremem Leid führt.

• Das fünfte Hemmnis ist die "Kompensation", die dazu führt, dass Menschen sich für Fehlverhalten belohnen.

• Das sechste Hemmnis ist die Verdrängung von Problemen, die manche Probleme aber am "Leben" hält.

• Das siebte Hemmnis ist die Projektion von eigenen Fehlern auf andere.

Alle Hemmnisse fordern Opfer, die durch dysfunktionale, da fehlerhafte Ansichten und Konzepte entstehen, bis in der Regel durch Vielfalt, jemand eine Lösung vom oder des Problems findet.
Selbstwirksamkeit zu erfahren ist ein solches Lösungskonzept. Man „spürt" emotional, intellektuell, sozial, sensorisch, ... einen positiven Effekt des eigenen Handelns, Denkens, ...
Dafür „betritt" man neues Territorium, neue „Welten", expandiert den eigenen Horizont, findet eine Nische, ... pflanzt sich fort, heilt, zerstört

Destruktives, ...

Das nennen wir dann beispielsweise KULTUR. In Abgrenzung zum älteren Konzept NATUR.

Mein, aus diesem Zwei-Fall (Zweifel) folgendes Konzept ist die Fehlersophie. Diese stellt einen EIN-Fall dar, der die Wunden der Natur heilen soll, während die Kultur in die Natur integriert wird.

Das Motto der Fehlersophie: „Fehler machen kann jeder (Mensch, ...), daraus lernen nicht."

Solange man nicht weiß oder ahnt, was richtig ist und was falsch läuft, MUSS man eigentlich beim Bewährten bleiben, Neues mit Vorsicht genießen, stagnieren, Passivität üben, blockieren, ... Hemmnisse beibehalten. Doch: Hier ist ein für alle funktionierendes Konzept…, daher beseitige ich, im Folgenden, das, was gutes Neues bisher aufhielt. Das ist aber nur bedingt "trivial".

Der „kategorische Imperfekt", die Tatsache, dass nichts je abgeschlossen sein kann, solange es nicht das „Nichts" einschließt, ein scheinbares Paradoxon, wird hier exemplarisch an den relevantesten Punkten aufgelöst. Beispiele dafür findet man in meinen anderen Texten.

Ich betone nochmals: Kritiker, Gläubige, Dumme, Faule und Ängstliche, sowie Aggressive, ... werden auf simple Weise in das Konzept integriert, was Zusammenbrüche in Form von Gewalt auf Dauer reduziert. Sie waren nie außerhalb des SINNes, der in der Natur, und im System der Natur zu finden ist. Die Kultur ist nur eine Erweiterung der Natur auf neues Terrain. Eine Eroberung neuer Felder, wenn man so will.

DIE Naturwissenschaft als Evolutionswissenschaft!

Die Kritiker und anderen oben erwähnte Leute, bringen Stabilität UND Wachstum, schaffen ein Gerüst aus stabilen Nischen, die einen „festen Punkt" bilden. Eine „organische Logik".

Aus dem GRUND handeln Politiker, Wissenschaftler, Reiche,

Privatbesitzer, ... , alle die etwas zu verlieren haben, wenn das System, das sie bilden, die Matrix (Gebärmutter) bedroht wird, so umsichtig und so weit im Konsens, wie sie nur können.

Der Gewinn, den ihre politischen Verfassungen, Logistiksysteme, Gesetze, wissenschaftlichen Einsichten UND Fehler hervorbringen, die erwähnte Effizienz aus der Angst (Risiko), ... heraus, führen zu soliden Resultaten. Das macht man sich zu nutze, indem man das belohnt. Finanziell, materiell, territorial, fertil,...

Einfache, funktionale Modelle machen tendenziell reich und mächtig. Aber, und das ist der Haken, bisher erzeugte das massives Unrecht und schädigte die Natur. Verschwörungstheoretiker suchten nach dem, als bösartig geargwöhnten, dahinter steckenden Konzept. Der Struktur des Problems.

Und dessen Ursache ist gefunden: Das Unrecht ist die Folge des „Privatbesitzes", der durch die Sesshaftwerdung und die Verschleierung dieses Ur-Übels mittels Glaube, sowie Bewusstheit der Richtigkeit dessen, was zuvor war und eine massiv erschwerte Hinterfragung all dessen, aufrecht gehalten wird. Das bedeutet, dass Zustände, die man ändern und zuvor besprechen müsste, als unabänderlich überhaupt nicht zur Debatte gestellt werden. Egoismus und Sucht, Sammelwut, Narzissmus, Kompensation, falsch verstandene "(Selbst-)Gerechtigkeit", ... werden genutzt, und verursachen einen Eindruck, dass all dies zum Vorteil der Allgemeinheit sei. Solange expandiert werden kann, solange die Rohstoffe reichen, ... ist der Vorteil durchaus partiell vorhanden. Die Verbesserung der Lebensqualität und Lebensquantität (Lebensdauer und Anzahl der Menschen, ...) war über Jahrzehnte, wenn nicht über Jahrhunderte oder länger, durchaus gegeben, gerade in den Industriestaaten.

DOCH das ist nicht mehr so gesichert. Als so fortsetzbarer Prozess nicht mehr möglich. Und die Verschwörungstheoretiker haben mitgeholfen, durch Verunmöglichung allzu heimlichen Unrechts indem sie spekulierten, eine „Kultopie" möglich zu machen. Eine positive Version kulturellen Zusammenlebens, die alle Vorteile der Natur und der Kultur vereint UND weitere hinzu fügt.

„Ich weiß es nicht." muss ich viele Punkte betreffend sagen, aber das hier vorgestellte Konzept ist zu überdenken… oder? Der von mir lange Zeit über meistgenutzte Satz in Diskussionen war wirklich dieser: „Ich weiß es nicht." Nur, wer bei sich Mängel sehen kann, "sieht", was er/sie/es selbst noch lernen kann.

Fehler sind fehlende Einsichten. Meine Fehler beging ich zu 99,999…% aufgrund der Fehler der Kultur. Bin insgesamt unschuldig geblieben und schiebe die Arbeit an den Fehlern der anderen nun an diese zurück, gemeinsam mit dem Lösungskonzept. Auch, wenn sie arg ins Schwitzen und Zweifeln gedrückt zu werden drohen, denn im Namen des Staates und des Glaubens an andere Systeme, wie Ökonomie, Religion, ... wurde viel Unrecht begangen. Die ganzen Regeln des Glaubens an ein richtiges, reines, gerechtes, ... Verhalten sind zu hinterfragen und viele nachweislich falsch.

Gesetzesrecht soll die Probleme, die die Sesshaftwerdung und die Bildung von Gruppen hervorgerufen haben, regulieren und abmildern oder gar lösen. Gesetzesrecht ist keine Gerechtigkeit und so auch mindestens Konfliktpotential, wenn nicht eine Bedrohung für die Zivilisation oder gar die Biosphäre.

Glaube erzeugt tendenziell Unrecht und ist eine Art „Blankoscheck", über Natur und Mensch zu bestimmen, beispielsweise über Cis-Frauen, Weltsicht, Ressourcen, Ökosystem,...

Triviale Zweifel? Ein Einfall?!

Ein „Gott" als „allmächtiges Wesen, ..." gibt es, die großen Religionen betreffend, nachweislich, so wie dort geschildert nicht, was an den Fehlern der „göttlichen" Texte zu sehen ist. Die Begründung von Gewalt gegen „Anders-gläubige, Ungläubige" im Namen eines solchen „Gottes" ist quasi nur bösartig und fast immer gänzlich falsch. Ein allmächtiges Wesen, ... hätte zum Beispiel kein Testen, kein Prüfen nötig und würde auch jedes Leid unnötig machen können, ... wenn es gütig wäre MÜSSTE es das auch. Aber gehen wir einmal in dieses Attribut „Allmacht" hinein. Wenn „Gott" allmächtig wäre, aber „Allmacht" unmöglich wäre, wäre doch „Gott" widerlegt.

Tun wir das mit dem Widerlegen doch mal:

Prämisse: Allmacht macht alles möglich.
Prämisse: Wenn alles möglich ist, dann auch das Lernen.
Prämisse: Lernen kann man nur, was man zuvor nicht konnte.
Prämisse: Wenn man alles kann, kann man nichts mehr lernen.
Prämisse: Lernen und damit Allmacht sind unvereinbar und damit:
Konklusion: Ist Allmacht unmöglich!

Gott steht über dieser Logik? Ja, weil er unlogisch ist, was das ganze Leid auf der Welt erklärt. Die Evolution ist einfach noch nicht abgeschlossen, daher fehlerhaft, dysfunktional, was zu Leid führt. Wenn „Gott" nur EINER einzigen Logik nach nicht möglich wäre, könnte „er" das nicht ändern, außer „er" verfährt so, wie die „gläubige" oder „heidnische" Cancel-Culture, die alles vernichten oder verbergen will, was ihre Ansichten in Frage stellt oder widerlegt. Wer jedoch Fehler nicht behebt, sondern verbirgt, riskiert eine Wiederholung derselben und eine Eskalation. Eine Allmacht unter bestimmten Bedingungen?! Denkt euch etwas besseres aus. ;)

Prämisse: Allmacht macht alles möglich.
Prämisse: Wenn es alles gibt, weil alles sein muss, damit alles möglich ist, muss es auch das Unmögliche geben.
Prämisse: Wenn es eine Allmacht gibt, kann sie auch das Unmögliche.
Prämisse: Wenn Allmacht das Unmögliche kann, ist es nicht unmöglich.
Prämisse: Wenn es das Unmögliche nicht gibt, kann Allmacht es nicht können. Wenn es das Unmögliche gibt, kann auch Allmacht es nicht.
Konklusion: Allmacht gibt es nicht.

Oder:

Prämisse: Allmacht macht alles möglich.
Prämisse: Ein allmächtiges Wesen kann alles besiegen.
Prämisse: Dann kann es sich selbst auch besiegen oder andere Allmächtige.
Prämisse: Kann etwas Allmächtiges besiegt werden, war es nicht allmächtig. Kann etwas Allmächtiges nicht etwas Allmächtiges besiegen, das nicht besiegt werden will, ist es nicht allmächtig.
Konklusion: (Ihr kommt langsam drauf?)

Ob ein „Gott" sich besiegen will oder nicht, ist irrelevant. Er/sie/es muss es KÖNNEN, um allmächtig sein zu können. Kann er/sie/es das nicht: Keine Allmacht. Eine kleine Lücke für eine Allmacht gibt es auch hier, in der Logik ist das bloß mit einer Bedingung verknüpft. Eine Bedingung für Allmacht?!
Aber egal, der Vollständigkeit halber hier die „Lücke": Wenn „Gott" allmächtig wäre, könnte er/sie/es allmächtig sein, selbst, wenn alles andere dagegen spricht also sogar, wenn er/sie/es nicht allmächtig wäre. Doch das bedeutet, Allmacht wäre möglich und zumindest manchmal dann vorhanden, wenn sie NICHT EXISTIERT oder möglich ist! Nach dieser „Logik" wäre auch ein Wesen mit mehr Macht als der Allmacht „möglich". "Mächtiger als allmächtig"???
Ich persönlich kratze mich bei sowas am Kopf. Manchen Religionen zufolge schuf „Gott" die Welt, so wie Chuck Norris das Haus gebaut haben soll, in dem er geboren wurde. Was war davor? Und, wenn alles einen Schöpfer brauchen soll, eine Schöpferin, ... wer schuf diese Schöpfer*In? Die Gläubigen sind gut 'raus aus dem Rennen, denn entweder „Gott" richtet die Problemlage oder der Weltuntergang kommt und dann kommt das (eigentlich unnötige) Gericht. Denn, wozu ein Gericht, wenn nur Gottes Wille geschehen kann, und wir nur so handeln können, wie wir geschaffen wurden, ... etc., etc., etc.!!!???

Warum sollte im „Diesseits" unser Verhalten, z.B. durch Bücher geändert werden, wenn im Jenseits alles gerecht abgeurteilt wird? Wieso sollten vom „Bösen" verführte Leute bestraft werden, wenn sie nur durch das „Böse" Fehler machten, Fehler, die „Gott" kennen sollte, wenn er alles weiß? Fehler, die „Gott" beheben kann und verhindern müsste, falls er/sie/es „gut" sein sollte? So ähnlich sieht es beim Schicksal aus, gerade beim Karma: Was in welcher Situation richtig ist, ist wenn alles vorherbestimmt sein sollte, niemandes Verantwortung. Und wenn man als Ameise wiedergeboren werden sollte, wie soll man „Buße" für einen als Mensch begangenen Mord üben? Indem man als Ameise keine Grashüpfer tötet und frisst, sondern in Hungerstreik tritt?

Dass Tiere, wie Menschen Lebewesen sind, man möglichst wenig töten sollte, auch sich selbst nicht, ... all dieses den Prinzipien der Evolution und damit der Natur folgt, ... etc. erklärt mehr. Aber, um sich in Logik zu schulen, genügt in der Regel nicht ein einziges Buch. Und für die Annehmlichkeiten der Moderne benötigt man einiges an Büchern, deren Inhalte mehr bewirken, als Krieg der einen „Gläubigen" gegen andere „Gläubige", von denen beide oft denken, der jeweils andere sei Ketzer, Häretiker, Böse, Ungläubig, ... und mit „bösen" Mächten im Bunde. Gerade die Länder, die der Wissenschaft stärker anhängen, vielleicht gar mehr Agnostiker, Atheisten, Anhänger des Pantheismus (z.B. des „Gottes" Spinozas), Omnismus,... verfügen über mehr Lebensqualität. Ist das eine dieser unnötigen (s.o.) Prüfungen, bei denen „Gott" das Ergebnis kennen müsste und vorgegeben hat, durch seine Art der Schöpfung, sei es, wir wären vorprogrammiert, sei es, wir wären, laut seines Willens frei, den Unsinn zu tun. Dann kann „Gott" schlecht urteilen, wenn er uns Freiheit gibt, ist er selbst verantwortlich. Denn wenn wir sie wahrnehmen, dann kann er nicht urteilen, sonst wäre es keine wirkliche Freiheit. Weitere Implikationen erarbeitet euch bitte selbst, das hilft.

Hinten und vorne passt die „Göttergeschichte" nicht. Erst wenn man es als, aus den Handlungen der „Gläubigen" resultierenden Unterlassungen an Gutem und TUN von schlechten Taten betrachtet, ergibt es durchaus SINN. Denn die Blutspur, die auch ich beinahe vergrößerte, getrieben von Unsinn, erklärt sich, wenn man der Aufklärung und dem Licht IHRER Logik bestmöglich folgt.

Unsinn, wie in quasi jedem Glauben vorhanden, führt zu nicht-verstehen von Recht. Das generiert Unrecht, welches häufig zu weiteren Problemen führt.

ERGO, so sehr ich die Idee von einem „Gott" verteidigen musste, dagegen sprechen quasi alle Indizien. So viel „Gutes" wird verhindert, durch ein Warten auf ein Wunder. So viel „Schlechtes" geschieht in der Absicht ein „höheres Ziel" zu verfolgen. Oder glaubt ihr, die Götter der anderen wären die einzigen „Konstrukte"? Denkt ihr, nur die "Götter/Götzen" der anderen wären Täuschung und Irrglaube??? Und die religiösen Texte die ihr habt, „inspirieren" nur euch „zu Recht" und die religiösen Texte der „anderen" diese „zu Unrecht"?

Geschehnisse, das Ende der „Dumminanz", -daher sterben Leute bei einem Tsunami, ... einem Erdbeben, durch Naturkatastrophen, durch Mörder, Krieg, ... bei Ehrenmord, Hinrichtungen, ... nicht, weil es richtig ist und ein (gütiger?) "Gott" oder das Karma das so bestimmt hat. Nein, sie sterben, weil sie ertrinken, da sie normalerweise unter Wasser keine Luft bekommen. Oder weil Menschen nach einem Schuss in den Kopf eher sterben müssen, da die Kugel dort so irgendwie die Körperfunktionen stört.

UND die Leute, die überleben, weil sie bei einem Tsunami auf einen Baum klettern konnten wurden nicht vom Karma, „Gott" auserwählt. - Nein, sie waren einfach in sichererer Umgebung, für ihre wahrscheinlichere Unversehrtheit an Leib (und Verstand). Wenn Beten ihnen half, dann nicht, weil das „Gott" dazu gebracht hätte, ihnen zu helfen. Nee, es hat sie beruhigt, zu beten und das war eventuell 'n Vorteil. Auch aus Glaubensgründen, besser gesagt, dem erkennbaren Unsinn, musste ich so viel Logik finden, um nicht allzu viele und große Fehler zu begehen und das Bestmögliche zu lernen. Glaube ließ mich jedes Mal im Stich, bis ich Logik fand und mehr verstehen lernte. Die Versprechen des

Glaubens, seine Verlockung, dass „Gott" Gebeten nachfolge, gar gehorche, wenn man für ihn auf dem Boden kriecht,... Oder: Wenn „das Karma" zu befolgen, im SINNe von: „das Richtige TUN" immer möglich und nachvollziehbar wäre, -DAS hat quasi keine Entsprechung in den funktionierenden Abläufen der Realität. Sieht man Glaube als Erziehungs- und Herrschaftsmethode, als Erzählung aus den abergläubischen Vorzeiten, macht es eher SINN, dass es nicht funktioniert, man wusste damals noch nicht so viel. Leider sind die Gruppen dieser Abergläubischen teils noch sehr groß.

Gruppen sind meist stärker als kleinere Gruppen oder Einzelne. Banken nutzen das aus. Die Börse nutzt das aus. Firmen nutzen das aus. Staaten nutzen das aus, Religionen sind fast immer oder immer Beispiele dafür,... Spielcasinos nutzen das aus. Ideologische Glaubensgemeinschaften, die nicht religiös aufgestellt sind, nutzen das aus. Alle nutzen das oft gegen alle anderen, außer sie stecken zugleich in mehreren Gruppen. Dann nutzen sie das so weit sie können, schaden sich jedoch meist auch irgendwo selbst. Zweifel, Dreifel, ... Reichere, gebildete, „Landbesitzende" Leute haben mehr „Luft", um andere dazu zu bringen, für sie zu arbeiten UND sie haben die Ruhe, eher konzentriert zu lernen und an den Universitäten zu bestehen. Das bedeutet, dass Leute eine eigene, selbst auszuarbeitende "Wahrheit" durch eine "Wahrheit von der Stange" aufgeben, die ihnen aber eine gewisse Stellung und Macht zu verschaffen scheint. Zum Nachteil anderer, was dazu tendiert, anteilig unsozial zu sein.

Lass mal – Kosten, schmeckt euch das?

All die Konflikte kosten Ressourcen. Fast aller Konsum ist da, um besser im Konflikt und in Konkurrenz mit allen anderen zu bestehen. Tourismus, Konsum, ... ist auch (also unter anderem) Waffe, Drohgebärde, Imponierverhalten, Demütigung (durch Machtdemonstration), ... GEGEN andere. Doch wir sind an einem Punkt, wo es mehr und mehr schadet als nutzt. Wir alle wollen „besser" sein. Aber viele wollen sich nur besser fühlen, vergessen, dass „besser" sein sich nicht in Gewalt gegen Lebewesen (Tiere essen, Pflanzen essen, Menschen quälen oder töten, die Welt sich „Untertan machen", ...) äußern sollte, selbst wenn es teil:weise noch nicht anders geht. Wer Gewalt nutzt oder gar permanenten Schaden verursacht, ist oft „in der Not" oder fühlt sich so. Kriege führt nur der, der sich nicht anders zu helfen weiß, normalerweise.

Wer „Gott" als Kriegsgrund nimmt, sollte sich fragen, ob „Gott" von irgendwem Hilfe braucht, seinen, „Gottes Wille" umzusetzen! Seltsam auch, wenn eine „Dritte" Fraktion vom Streit profitiert (Banken, Rüstungsindustrie, ...).

Wenn andere mehr haben, ohne entsprechend Nützliches zu tun, wird das als Unrecht empfunden, und es ist in der Regel auch ein Unrecht dafür verantwortlich. Unrecht macht unzufrieden und führt zu Not. Das nehmen manche zum Anlass, selbst das „Recht" in die Hand zu nehmen. Was häufig scheitert. Legislative, Exekutive und Judikative erzeugen selbst Unrecht, üben, mit proklamierter Legitimation Unrecht aus und nennen das „Gesetzesrecht". Privatbesitz ist ein Raub von Rechten an der Allgemeinheit, schafft bei Ärmeren Unfreiheit, Unfrieden, Unrecht und das Mündet in Krankheit, Not, Gewalt, Rache, Aufrüstung, Ausbeutung,... Na, klingelt es?

Also ist die Folge von ungerechtem Privat: Ungleichheit, die mit gutem Grund als Unrecht empfunden wird. Das ist anders zu regeln. Zumindest ich will eigentlich niemandem etwas nehmen, jedoch da ein gerechtes System mit mehr Chancengleichheit wünschenswert ist, mehr als es wünschenswert ist, in einem ungerechten System mitzumachen, ist mein Konzept eventuell zu bedenken.

Dass Richter „vom Volk", von einer „Elite", von „Gott", ... gewählt oder zumindest nicht am Tun gehindert werden, ... ist einfach nur eine anders „begründete" Art der Selbstjustiz. Selbstermächtigung, für die Richter Papiere mit Zeichen und Wachs-Siegeln, ... haben, die etwas beSCHEINigen sollen.

Ein Grund, dass sich nichts am Unrecht ändert: „WIR" brauchen es in dem Kampf, in der Konkurrenz mit anderen Systemen. „Wenn „WIR" uns nicht nehmen, was wir bekommen können, machen es „DIE ANDEREN", zu unserem Nachteil". So die Denkweise. Na, klingelt es? Beim „FRESSEN und gefressen werden" vergessen wir, dass etwas geboren werden muss, damit das System so weiter bestehen oder wachsen kann.

Wir bekommen „Futterneid" und essen viel zu viel. Nicht mehr, um satt zu werden, sondern, damit der andere es nicht isst. Luxus, Dekadenz, Degeneration, ... Kollaps, Wüste, Unwetter, ...

Räume, die uns vorgaukeln, wir könnten eine Nische finden, werden geschaffen. Konsum wird virtueller, Gewalt und Selbstverwirklichung wird „Scheinbarer". Partner werden virtuell, synthetisch, ... „Vollwertige Reproduktion" immer mehr zum Privileg der Profiteure des Unrechts. Die Masse macht Erfolge an Computerspiel-Erfolgen fest. An Likes in „sozialen Netzwerken". An „Wahlerfolgen" „Ihrer" Partei. An Hinrichtungen durch „ihre Henker". An „der Zahl derer, die zur gleichen Religion gehören". Es ist ihnen überwiegend egal, ob das richtig ist, was geschieht. So lange sie sich bei den „Siegern, Gewinnern" wähnen können, sich hinter anderen verstecken. Kapiert Mensch es nicht? „Werbung" für Produkte, die uns helfen sollen, das Leben erleichtern, setzt einen Rüstungswettlauf in Gang. Autos, Smartphones, Waffen, Werkzeuge, Bildung, ... werden in der Konkurrenz um Partner eingesetzt. Im Wettlauf um ein Überleben, der die Grundlage unserer Existenz zunehmend bedroht.

Da muss mehr Logik hinein, die uns wirklich nutzt. Wir brauchen eine Auswertung dessen, was die Leute wirklich wollen, was WIR wollen. Das muss die Politik dann, wenn es wahrscheinlich und ethisch richtig ist, umsetzen. Politiker sein muss ein Beruf werden, der die vom Volk gewünschte Politik macht, die Chancengleichheit, Nachhaltigkeit, ... anstrebt. Und Glück für die garantiert, die der Allgemeinheit mehr Nutzen als Schaden bringen. Umgekehrt muss der „Schädling" lernen oder sanktioniert werden. Alles in vernünftigem Maße. DAS wäre dann Aufgabe der Justiz und Grundlage einer Gerechtigkeit.

Wiederholung: Wenn „Gott" so supertoll ist, IST alles sein Wille und die Gläubigen könnten chillen oder versuchen sich umzubringen, um direkt in das Paradies zu kommen. Selbstmord wäre, mit Glaube an die Existenz einer absoluten Macht, nur schlimm, wenn die Leute ihn gegen Gottes Willen begehen. „Gegen den Willen" eines angeblich allmächtigen Wesens? Wenn Gott alles regiert, lässt er/sie/es die „wahren Gläubigen" am Leben oder ihnen das Essen in den Mund fliegen, vorgekaut und lecker. Das wäre auch keine „Versuchung Gottes", wie soll man ein allmächtiges Wesen versuchen?! Wäre „Gott" unser SchöpferInnen-Wesen, hätte er alles, was wir an Fehlern machen nur vorhersehen können. Wenn es nicht verhindert würde, wäre es sein/ihr Wille. Alles wäre seine Verantwortung, besonders, wenn er/sie/uns 'ne Freiheit gegeben hätte. Die „Freiheit" haben wir eigentlich aber, wiederum nicht. Wir handeln nach SINN und wenn wir nicht nach SINN handeln, sind die Folgen logischerweise Sondermüll (auch im übertragenen SINNe). Terroristen, IdeologInnen,... rechtfertigen teil:weise übelste Handlungen damit, das sei "Gottes Wille", da "Gott" es geschehen ließ.

Seltsam, dass gerade die, auf deren Seite ein so fähiges Wesen stehen soll, Taten vollführen. Zweifeln sie daran, dass ohne ihr/sein Eingreifen alles „Gut" wird? Trauen sie ihrem eigenen „Gott" nichts zu? Oder sind sie bloß durch ihre eigene Dummheit irritiert und konstruieren sich eine „höhere Macht", die Opfer will und straft, damit in ihrer Welt Taten, wie das Opfern von Lebewesen ihnen Einfluss auf ihr Schicksal suggeriert? Und damit sie ihr angebliches "besser-Sein auf Kosten andeen ausleben können.

Sie wollen einfach IRGENDWAS tun können, um die Angst zu behandeln, die sie haben, weil sie die Welt wenig verstehen. Aber ihre Taten sind leider öfters mal Verbrechen, auch ihre religiösen und politischen Führer nutzen das, mehr oder weniger bewusst, aus!

Ein weiteres Werkzeug für eine gerechtere Gesellschaft, wäre demnach Transparenz. Erst, wenn wir alle nötigen Daten über so ziemlich jeden und alles erlangen können, kann wirkliche Demokratie maximal angenähert werden. Diskretion und Privatsphäre sind wichtig, müssen aber, in gesunder Weise, teils relativierbar sein, wenn das Gemeinwohl höher stehen sollte. Demokratie braucht die Möglichkeit, die relevanten Informationen zu bekommen. Oder es muss möglich sein aufgrund von hypothetischen Fragen an die WählerInnen, die auf die wirkliche Situation indirekt bezogen sind, ihre Meinung zu abstrahieren, ohne allzu viel über die aktuellen Umstände zu verraten. Es könnten Szenarien erstellt werden, zu denen Meinung und Lösungskonzepte bei WählerInnen abgefragt werden würden. Das kann nur eine Entscheidung regeln, die im Konsens, gefällt werden muss. Dazu benötigt es eine offene Debatte.

Auch die Auswertung aller verfügbarer Daten muss möglich werden, weil auch ein Fehler nur minimiert werden kann, solange wir soweit es geht „alles" zumindest wissen können. Daher gilt wahrscheinlich lange Zeit noch das Prinzip des „Leben und Leben lassen", „Wahrhaftigkeit" führt auf Dauer hoffentlich zu mehr Wahrheiten. Mehrere redundante „K.I."-Überwachungssysteme können garantieren, dass niemand sich Hintertüren schaffen konnte und kann. Menschen müssen auch die K.L. überwachen können. Reziprozität auch hier.
Weitere Vorsichtsmaßnahmen, auch zum Verhindern der „Machtergreifung" der K.I., sind zu berücksichtigen.
ALLE möglichen Wünsche, Interessen, Bedürfnisse, ... kann mein System auch noch nicht befriedigen. Aber es löst massiv Probleme, wenn es richtig umgesetzt wird.
„Not macht erfinderisch" und führt zu Leid aber auch zu Opfern, bis ein funktionierendes Konzept die Situation meistert. So lange sind die Meisten zumindest leicht überfordert. Konkurrenz darf nicht zu destruktiver Ausbeutung oder gar permanenten Schaden führen. Allzu viele Kinder zu zeugen, als Aufrüstung im Wettbewerb um Ressourcen, sollte als kriminelle Handlung geächtet werden, wie auch Ausbeutung der restlichen Natur, der ökonomischen, sozialen, ökologischen Umwelt und

zur Zeit auch sehr stark „der Cis-Frauen". Aufhetzung durch Lügen, Aggression, Dummheit, ... Versprechen, Angstmache, ... ist teils Aufrüstung und teils schon Krieg. Aufrüstung mit Technik, militärischer, intellektueller,... ist vernünftig zu limitieren.

Wie gesagt *(„Ich nutze wieder einmal die Chance, mich zu wiederholen, denn es ist das Wiederholen, was Gläubige mit sich machen und machen lassen, um sich zu indoktrinieren. Ich will das nur als Werkzeug enttarnen aber auch für gutes Lernen verfügbar lassen")*:

Das Leid und das Unrecht, das wir uns selbst, der Welt, den Tieren, den Menschen, ... antun und antaten, einzusehen, DAS wiegt schwer. Wer das zu Besserem ändert und mit konstruktiver Haltung, während in die Richtung gearbeitet wird, „erträgt", kann sich zu Recht gut fühlen und stolz auf sich sein.
Das Falsche, das unsere Vorfahren taten, können wir nur würdigen, wenn wir die Fehler reduzieren und diese als Mahnmale, Erinnerung, ... klar kommunizieren und sichtbar machen und lassen.
Die Natur ist für uns wichtig, auch für die Naturwissenschaft, um uns und sich selbst immer besser zu verstehen. Im Guten, wie im Schlechten. Fehler brauchen wir teils, um das Fehlerlösen zu üben.
Kommodifizierung von Gefühlen, Überleben, Charaktereigenschaften, Freiheiten, ... zerstört diese WERTE teils oder völlig.
Gendern sollte nicht als Trennung gelebt werden, genau wie diese Geschlechterrollen keine Bewertung erfahren sollten, die gleichzeitig auch unerwünscht ist. Konkurrenz muss möglich sein, jedoch darf sie nicht zu Unrecht führen oder zu Leid. Gleichheit sollte „gleiches Recht" und nicht „gleiches Unrecht" bedeuten. Die Idee von einem „Gott" oder „Göttern" oder „Karma" als Ursache und Begründung von Wahn und Unrecht, kann limitiert beibehalten werden, wenn es der Allgemeinheit nicht mehr, mit ihrer Einwilligung, schadet, als es wenigen nutzt. Lernen aus diesem Unsinn sollte das Ziel sein. Ein/e Art „Schöpfung" ist, im

Gegensatz zu einem „Gott", „Göttern", ... denkbar. Das Universum könnte so „konstruiert" worden sein und neu konstruiert werden.

Wir müssen uns entscheiden, was wir wollen. JägerInnen und SammlerInnen, wie in der Vorgeschichte. RäuberInnen und DiebInnen, wie die meisten Leute heute oder die WaffenhändlerInnen, BänkerInnnen, BörsenspekulantInnen, ... die vom Konflikt am "Besten" leben. Oder auch echte „Menschen", die in positiver Weise „menschlich" sind, die stolz und zu Recht sagen können, dass sie „Gut" sind.
Friede ist nicht nur das Fehlen von Krieg, sondern Harmonie mit weitestgehend allem, so weit man es erreichen kann. Glaube wäre gut, wenn er richtig ist und vielleicht das Lernen ohne die Notwendigkeit schmerzhafter Erfahrungen möglich macht. Unrecht ist dysfunktional, Leid zu „teilen" (mitzuteilen), verringert es teils. Freude teilen, vergrößert sie teils. Seid kooperativ, bewusst und nett. Und das ohne Andere zu dissen. Komplexe Systeme sind in ihrer „Komplexität maximal zu reduzieren", damit sie nicht fragil werden. Teil-weise?

Lernt, fordert und fördert Lernen, Lieben und Leben nach dem Motto:
Erschaffe Erschaffendes.
Bewahre Bewahrendes.
Zerstöre Zerstörendes.

Bei alledem ist ebenso zu berücksichtigen, dass die Opfer und die Gruppen, die zu Opfern gemacht werden und wurden, den Tätern viel verzeihen müssen. Und das bedeutet, dass das erlittene Unrecht aufgearbeitet werden MUSS. Reparationen sind zu leisten. Das darf nicht in symbolischen Gesten münden, sondern sollte den TäterInnen regelrecht weh tun. Damit auf Dauer eine Wiederholung ausreichend abschreckend wirkt.

Was bedeutet es in diesem Zusammenhang,

„die Mitte" zu finden?!

• Viren sind anscheinend bestrebt, wenn man ihnen eine „Motivation" unterstellt, sich nicht zu stark auszubreiten. Denn sonst sind schnell allzu viele tot oder immun. Sie wollen sich aber ebenso nicht allzu wenig verbreiten, da so ihr Bestand gefährdet ist. Gerade, weil die Anzahl der Mutationen und damit ihre Möglichkeiten, zu bestehen, geringer werden kann.

• Das maximierte und maximal rücksichtslose Abbauen von Roh-stoffen macht mehr für einen „Rohstoff-Kreislauf" und Erfahrungen im Nutzen und Umgang mit der Ressource verfügbar, respektive möglich. Man wählt im Umgang mit Rohstoffen das „Naheliegende", „Vielversprechendste", doch sollte „das für die Umwelt Verträglichste" in die Rechnung mit hinein.

Die Simulation (ME-GA-ME)

"Entweder, Du findest auch das Tier in Dir oder Du befindest Dich irgendwann im Tier ."

(Die Angst)

Eine Konstruktion eines „Über-Es" ist in Erwägung zu ziehen. Ein Regel- und Normenkatalog, in größtmöglicher Übereinstimmung mit der gewünschten „Natur" des Menschen, der „K.I.", ... Um sich darauf zu trimmen, kann man Rituale, Gebete, Selbstüberwachung, ... nutzen, die man selbst entwirft und ausübt. Der Feldversuch ist das Mittel der Wahl, an das man stetig näher herangeht. Durch Praxis der notwendigen Fähigkeiten, Kenntnisse und Ansichten. Das „Über-Ich" ist von dem „Über-Es" abzulösen.

So machen „Dingelchen" SINN:
• Passives Einkommen, Grundeinkommen, ALG: „bereiten auf eine Zeit ohne Notwendigkeit zu arbeiten" vor.

• Genderdebatte „bereitet auf eine Fähigkeit zur Wahl des Geschlechts" vor.

• Das Zusammenleben mit Tieren lässt uns diese domestizieren, während wir uns und von den Tieren domestiziert werden.

• K.I. trainiert uns im mathematisch, ... logischen Denken, indem wir sie weiterentwickeln. Austausch der Grundstruktur von Mensch über Maschine zu Mensch und von Maschinen-Gelerntem zu Mensch und

Maschine… Kreisläufe, mit „spiraliger" Richtung...

• Gamismus

• Narrativismus

• Simulationismus

• GNS ist idealerweise eine Einheit, die von der Realität kaum zu unterscheiden ist, die Rückschlüsse auf Realitäten liefert. RPG-Game-Mastern bereitet auf viele Gegebenheiten, mit denen man sich konfrontiert sehen kann vor. Und GMastern schafft ein praxisnahes Wissen, ein Weltbild, das nahezu den Stand der Kenntnis eines/einer Universal-Gelehrten annähern kann. Und dies EINT und heilt die Psyche und die Welt dort, wo „DIVIDE ET IMPERA" eine Zäsur schuf.

• Warum begehen Leute gerne weniger Fehler und das, obwohl das überwiegend ein Fehler ist?

• Gleichheit ist nicht immer Uniformität, sondern auch, selbst bei vielen Unterschieden, Wertgleichheit (soweit es möglich ist).

• Leute sollten sich verdient verdienen, was sie verdienen.

• Alles, so weit wie sinnvoll, nach Kants „kategorischen Imperativ" durchdenken.

• Wenn man handelt, bevor eine Mehrheit die Notwendigkeit erkennt und verinnerlicht, und das Handeln dann aber das Problem behebt, verliert man an Glaubwürdigkeit. Weil das Problem für viele nicht sichtbar wurde... Klimakrise, Gendern, Kriege, Ausbeutung von Mensch und Natur, Hunger, ... und die damit verbundenen Opfer, sind nicht die PolitikerInnen (an die man glauben soll) die Mit-VerursacherInnen??? Und diese PolitikerInnen wissen plötzlich mehr über Pandemien als EpidemiologInnen, Virologen, ...??? Nach Fluten und Bränden und Dürren und Flucht, ... Tod, ... wann reicht euch die Datenlage, die in diesem Text steckt, zum konstruktiven Handeln?

• Wieso erlernen Leute so selten die Fähigkeit, die gesellschaftlichen „Schwellen" zu durchwandern, so wie Wallraff (Günter). Auf diese Weise fügt sich alles zusammen. Die Tatsache, dass innerhalb der eigenen Erzählung, des Narrativs, „warum tue ich dies und das (nicht)", quasi alles plausibel scheint, gar logisch, auch wenn man Soldat oder ein anderer potentieller Mörder ist?! Man muss ja nicht gleich, wie ich, alles aus der Meta-Ebene betrachten und Risiken eingehen, oder andere (aus falsch verstandener Zuneigung, ...) in Gefahr bringen. JedeR macht Fehler, und wenn es der Fehler ist, quasi keinen anderen Fehler zu begehen.

• Qualitativ hochwertige Lebensumstände und auf der anderen Seite quantitativ viele Menschen in qualitativ als schlecht bezeichenbaren Lebensumständen bilden die Gegenpole, mittels derer die Population und die Lebensqualität gesteuert werden könnten. Niemand muss kürzer leben, bloß die Zahl der Nachkommen sollte auf sinnvolle Weise reguliert werden. Dies geschieht durch Steigerung des Wohlstandes: Somit einer Verbesserung der Gesundheitsversorgung, der Bildung, der Versorgung mit Nahrungsmitteln, Frauenrechten, Männerrechten, ..., „Gender-Förderung, in gerechtem Umfang", Reduzierung des „Faktor: Religion, Glaube, ...", ... All dies dürfte die Geburtenrate senken und die Zahl der Opfer im Bereich Kindstod senken, während die Leute bessere Teilhabe am Arbeitsleben leisten können. Wenn Arbeiten noch so notwendig sein sollte, wie es das jetzt (2021) teil:weise ist.

Hinterfrage alles! Wieso? Wieso nicht? …? (Fragen)

Die hier repräsentierte Ordnung kann „außen" zu Entropie führen. Auch habe und mache ich Fehler, das ist mein Recht, der Leser/ die Leserin hat die Pflicht, das zu berücksichtigen, soweit ich keinen unnötigen Schaden generiere.
UND: Wenn Du auch sonst nichts zu können glaubst, Du hast bis hierher durchgehalten.

Merke: Wer sich schämt, wurde, nach eigenem Empfinden, vielleicht noch nie um seinetwillen geliebt.

Weiterführende Fragen und Antworten:
• Haben Drogen und die sensorische Überlastung oder Entspannung, ersteres gerade mit Halluzinogenen, ihren Teil zur Erhöhung der „Ordnung" beigetragen? War es die Drogenopfer wert?

• Hat die relativ ausgeprägte Hilflosigkeit der Babys des Menschen dazu geführt, vermehrt Kontrolle über seine „Bedürfnisbefriedigung" zu erhalten? (Macht über Mutter (Mama-Brust-Milch); Macht über Natur; Macht über andere Menschen; Macht über Körper, Macht über Vater, ...) Matrix = die „Gebärmutter" (das ist eine Wortbedeutung von Matrix), der Sozialstaat als VersorgerIn des Menschen, ... die Vernachlässigung und die Verwöhnung des Kindes können beide in die Richtung Matrix-Erweiterung münden.

Der Schutz des Individuums, durch Versicherungen, Medizin, Bildung, ... ist Folge der Investition in die Einzelnen und die Reduzierung von „hohem Verlust". Natürlich sind die Menschen in ärmeren Staaten auch viel wert. An dieser Stelle dieses Textes, ist es eine Betrachtung in ökonomischer Richtung. Das Risiko in ärmeren Regionen wird durch „mehr Kinder" gestreut, was aber auch den Weg aus der Armut erschwert.

• Wie beendet man die anteilige „Überlastung der Menschen und auch der Staaten", ohne den daraus folgenden Fortschritt zu beenden. Müssen nicht die „Stärkeren" ihren Egotrip zuerst beenden?

• Ist eine maximale Freigabe von Daten, aber auch die Information darüber, wer die Daten einsieht (bzw. einsah) nicht zu erwägen, wenn das Eindringen in die Privatsphäre gerechtfertigt werden muss und man deswegen dann darüber informiert wird?!
So dürfen Eltern ihre minderjährigen Kinder „observieren", das aber mit im Reifeprozess zunehmenden Rechten der Kinder rechtlich immer logisch begründen müssen. Das wird demnach, in der Regel, schwieriger.

• Will der Mensch wirklich die Welt zerstören oder „nur" lernen, die besten offensiv- und defensiv Waffen / Werkzeuge / Kenntnisse / Fähigkeiten, ... zu erwerben und wie man Schäden heilt?
Bücher zeigen fiktive Bedrohungen und Belohnungen, ... Spiele auch. Eine Simulation der Welten, in der man Konflikte simuliert, Waffen und Taktiken, Strategien, Diplomatie, ... trainiert, ... das wäre supi.

• Ist der Kampf gegen wirkliches Unrecht, auch durch einen selbst begangenes Unrecht, nicht 'n super Moment, in dem man sich beweisen kann, was man kann?

• Nach „verbuggten" Videospielen, „Geräten mit Sollbruchstelle", „Fake-News", ... wofür wir „Community-Patches" und „Reparatur-Shops" liefern bzw. haben, können wir verstärkt aus den „gewollten" Fehlern lernen und werden genötigt, Kompetenzen zu erwerben. Welche (Rück-)Schlüsse lässt das in Bezug auf meine Kompetenzen zu, du verbuggtes System?

• Der GM als SC oder NSC? (Insider)

• Strebt alles nach der „Mitte", in „Ballance"? Und will alles „uns" aus der „Tendenz zur Mitte" heraus holen (auch ich)?

• SöhnInnen (Als Cis-Junge geboren und dann das Gender „weib-lich" angenommen, sowie Töchterer (...) sollten, wie selbstverständlich ihre Identität finden können. Das muss leider Rücksicht auf Alte, anders Sozialisierte nehmen, da deren Lernfähigkeit nicht mehr in vollem Umfang da ist oder ganze Gesellschaften darunter „fragmentieren" können. Anstatt „der, die, das", könnte man zum Zwecke der „Geschlechter-Neutralität": „däh" oder besser was Ästhetischeres sagen. (Der "Ton" in dem ich das "sage", ist bewusst etwas humorvoll gewählt.

• Auch eine „egalitärere" Gesellschaft muss (über Crowdfunding, Lotterien, die alle einschließen, „Kredit", ...) die Finanzierung begabterer Individuen und Gruppen ermöglichen. Gute Ideen sollten, im gesunden Maßstab, realisierbar sein und realisiert werden.

• Darf man aus Angst vor einer „Stigmatisierung" von Gruppen oder Individuen, relevante Fakten unterschlagen? Ist es ein vertuschenswertes „Stigma", wenn es auf Fakten basiert?

• Schaffen wir einen sicheren Staat, indem Menschen als eine Art „Crash Test Dummies" die Lücken zeigen, die wir so schließen lernen. Verbunden mit ihrem Opfer?!

• Genügt es, wie im Beispiel „Wilder Westen (USA)", die Augen vor der Verseuchung und Vertreibung, Tötung, ... der Ureinwohner zu verschließen? „Die Siedler wollen nur etwas Land, um zu leben!" Was bedeutet das in Bezug auf Erkundung und Besiedlung des Planeten Mars und anderer Gebiete des „Alls"? Quasi jeder Staat hat in seiner Historie Opfer erzeugt und Menschen, Tiere, ... leiden und sterben lassen.

• Es besteht die Gefahr, dass das momentane Unrecht erstmal konsolidiert wird und als solches nicht mehr erkennbar ist, was das Denken diesbezüglich erschwert!
Drohnen, Hunde, Mauern, GPS, Überwachung, Polizei, Roboter, K.I., ..., ... können ein ungerechtes System stabilisieren helfen, das ist zu vermeiden. Doch es wird immer mehr Energie kosten, ein nicht-richtiges System (Unrecht) zu stabilisieren, als eines, das man vollkommen sinnvoll aufgebaut hat. Wer lügt, muss sich alle Lügen merken und wem er welche wann wieso wo erzählte, sowie was er wem wie erzählen muss, um die Lügen konsistent zu halten. :D

• Nicht die Finanzierung und der Erhalt des Staates ist in Frage zu stellen, sondern der Staat an sich, wenn er ungerecht ist. Menschen mit Idealen und Illusionen zu missbrauchen und krank zu machen, ... Wie rechtfertigt ihr das? Seltsam: Nicht der Staat wird bearbeitet und neu und besser aufgestellt. Stattdessen feilen Leute an Regeln und Gesetzen, die das Unrecht erhalten und erweitern helfen. Overkill hier: Immer mehr Gesetze und Notwendigkeit einer dies verwaltenden „K.I.-„Gottheit"". Arrangement mit einem Diktat, welches arme Leute zur Ware der Reichen, Mächtigen, ... macht. K.I. wird viele arbeitslos machen. Ausweg: Wir werden „menschliche Computer": MentatInnen, RollenspielerInnen GMs unseres Lebens. UND: Wir erlernen und schaffen Handwerke, "Geisteswerke", "Welten",...

• Ist die Konkurrenz von Gruppen, gegen andere Gruppen und/oder Individuen, dauerhaft „belebend für das „Geschäft""? Gibt es einen Overkill, beim Geschäftemachen? Kann man und darf man mit „mehr" spekulieren, als dauerhaft an „Werten" da ist? Sollte man Börse, Bank, ... erlauben, „Bäume ab zu holzen, die erst noch gepflanzt werden müssten"?

• Wieso sollte ein „Gott" zu Krieg aufrufen? Das ist doch Unsinn! Oder warum sollte IRGENDWER für einen „Allmächtigen" töten, weil „der" einen „Beweis" fordert, den „er" sonst nicht bekommt?! Ein gütiger, allmächtiger „Gott", der Strafen verhängt und Naturkatastrophen verursacht, bei denen auch Säuglinge, andere Unschuldige,... sterben?! Die Wissenschaft liefert da weitaus nachvollziehbarere Erkenntnisse. Und die Naturwissenschaft KANN Katastrophen herbeiführen, vorhersagen und verhindern, und das immer besser. Ist das dann „mit oder gegen den Willen Gottes?" oder einfach Folge der Erkenntnisse des Verstandes, der Technik? WAS hat Religion in den letzten, sagen wir mal 6000 Jahren, Nützliches hervorgebracht? Wie schneidet Wissenschaft im Vergleich ab?

• Vergessen und verdrängen wir als „Kollektiv-Menschheit" unsere Vergangenheit abschnittsweise und bauen ein „stimmiges, optimiertes" Realitäts-Bild auf. Ähnlich, wie das Gedächtnis der Einzelnen das tut?

• Führt jede neue Fähigkeit des Menschen nicht zur Notwendigkeit der erneuten Evaluierung dessen, was in wie weit „richtig" ist?

• Wieso gerade diese Fragen? Wann führt eine Antwort zurück zu einer bestimmten Frage?

Vieles können wir nicht immer sofort prüfen, wie zum Beispiel:
• War der „Mensch" auf dem Mond?
• War der 11. September 2001 inszeniert?
• Gibt es einen menschengemachten Klimawandel?
• Ist die Erde „flach"?
• Ist die Corona-Pandemie von „langer Hand" geplant?
• Sind in Flugzeugen Vorrichtungen, dort geladene giftige Substanzen zu

versprühen (ich meine nicht das Kerosin, ...)?

Jedoch ist hier wieder die Frage: „Cui bono?" entscheidend und wie man das Ganze dauerhaft geheim halten könnte. Was nicht zu ignorieren ist: Manche ältere Verschwörungstheorien haben sich als Realität herausgestellt.

Ewig währt am längsten.

Soweit ich das sehe, kann alles für die Natur nützlich sein. Um zu lernen. Einmal, zum Erlernen, wie es geht und zum anderen, wie es nicht geht. Computerspiele trainieren Mensch UND Maschine. Raubbau zeigt Schwachpunkte in Natur und Kultur auf und kann, durch Lernen, den Lebensstandard potentiell erhöhen. Praxis ist das Stichwort. Mut zur Lücke kann die Lücke klarer erkennbar machen. Jedoch sind die Risiken durchaus vorhanden, die dieses Konzept liefert. Der „persian flaw" wächst zu einem Abgrund, der zunehmend schwer zu überbrücken wird. „rechte" Parteien, die demokratisch gewählt wurden, aus zu klammern und ihre Vorschläge zu ignorieren, kann zu Problemen führen. Demokratisch ist es ab einem gewissen Punkt nicht mehr, was zu weiterer Radikalisierung führen kann, da es die „etablierten" Parteien aus Sicht der „rechten" zu einer Art „Diktatur" macht, gerade wenn sinnvoll erscheinendes nicht umgesetzt wird. Sinnvolles, das AUCH von Seiten der „rechten" vorgeschlagen werden kann. Die Angst jedoch, vor einer „Wiederholung der Geschichte" ist so nicht weniger begründet. Denn ein gewisses Denken ist zu bekämpfen, nicht „Parteien", „Menschen", ... Und die „linken" Parteien aber auch die „Mitte" können sich genauso in Richtung Extremismus und Fanatismus bewegen, falls das nicht bereits Realität ist. Wachsamkeit garantiert, wenn überhaupt, auch hier die „Freiheit". KONSENS wäre anzustreben, wenn man auf meinen Rat hören wollte. Und das global, denn auch ganze Staaten werden an den „Rand" gedrängt und können sich, um innere Stabilität zumindest ausreichend zu garantieren, teils nur auf „Kontrolle, Militär, Diktatur bis

Tyrannei, ..." zurückgreifen.

„Konkurrenz „belebt" das Geschäft", jedoch hindern „Aspekte des Ganzen" an der Weitergabe von Innovation. „Patente, Copyright, Diplome, ..." halten Menschen und Entwicklung auf. Und für die Natur, mal aus Sicht der bedrohten Vielfalt und der Arten formuliert: Das Geschäft ist bereits etwas sehr belebt. Es frisst unsere Existenzgrundlage und stört bis zerstört die Gleichgewichte in Natur und Kultur. Wenn der Rest an Natur, durch „geringeres Angebot" mehr wert wird, zieht das weitere PlündererInnen an. Nebenher wird das Interesse an einer Erhaltung größer. Das wird in einem stärkeren „Krieg" um die "Reste" führen, wenn Mensch nicht aufpasst. Demokratisch gewählte Parteien, von den Entwicklungen der Politik auszuschließen und damit deren Wähler, ist zutiefst undemokratisch. Undemokratische Parteien zu hofieren und die Politik bestimmen zu lassen, deutet auf eine „Zwickmühle", wenn nicht eine „Sackgasse" hin. Hilft nur ein „Wendehammer" einer „Welt in der Sackgasse"? „Wurzelbehandlung gefällig?". Auf die Bühne „getreten".

Die „woke"-Leute, die „nie Fehler machen" aber von den Arbeiten und Fehlern anderer profitieren, sind mir überwiegend suspekt. Man wird Einstein vielleicht von Seiten der „woken" irgendwann ächten, weil er teils rassistisches geäußert hat, als er jünger war. Einfach das menschliche Fehler Machen aus der Geschichte eliminieren, um selbst „rein" herüber zu kommen??? Unangreifbar aber „unmenschlich", weil ohne Verständnis und Toleranz, Respekt (guckt mal nach, was Respekt bedeutet, etymologisch hergeleitet. Ja soll die Fehlerhaftigkeit der Verganenheit "verdrängt" werden?!

Spezielle Probleme erfordern spezielle Reaktionen?

Zutiefst „undemokratische", „unethische", ... Maßnahmen zu ergreifen, um die „Demokratie", die „Gesundheit", den „Wohlstand", die „Umwelt" zu schützen??? Ob während der „Corona-Geschehnisse", „Guantanamo", der Kriege und Kriegsverbrechen Deutschlands nach dem zweiten Weltkrieg (wobei für mich Krieg so oder so fast immer ein Verbrechen darstellt, nicht nur, wenn „geächtete Waffen" zum Einsatz kommen, ...), ist bedenklich.

Zudem ist die Frage, wer über die Realität der Begriffe „Kriegsverbrechen" und „Deutschland" entscheidet und ob ein Kind nicht „demokratisch" gefragt werden müsste, ob sie/er/es „Deutschland" will, was nicht so selbstverständlich zu beantworten ist, wie es vielerorts angenommen wird. Und so „kluge" Methoden: Politische „Gegner" zu unterwandern, mal mit V-Leuten, mal mit „geächteten" Gruppen angehörenden Leuten, die man auch gerne auf einer Demonstration „Krawall" machen lässt, um die infiltrierte Demo, Partei, den Verein, die Firma, ... zu diskreditieren, werden die Regel! WAS ist daran noch „frei", „demokratisch", ...?! „Wahrheiten", die verletzen, nicht äußern zu dürfen, verzerrt die Realitätssicht recht schnell. Systeme werden „blind"! Für das lenken dieser Systeme bedeutet das arge Schwierigkeiten. Die „Reichen und Mächtigen" meinen es „gut", jedoch zumeist mit sich selbst zuerst. Wurden die „Eliten" nicht bereits mehrfach mit Steuergeldern der „nicht ganz so wohlhabenden Massen" gerettet? Wieso wurde da nicht gefragt, ob der Steuerzahler das will? Und: Sind die Weichen nicht bereits sehr stark so gestellt, dass gerade die Eliten verstärkt von „Krisen" finanziell und Machtbezogen profitieren…? Das „Neusprech" der Gegenwart ist teils längst Realität, Zensur zunehmend die Regel, „Shitstorm" eine Möglichkeit, Menschen in Not, Angst, Abseits, ... zu verbannen und ihre

Meinungen zu tabuisieren, bloß, weil sie nicht in die „schöne neue 1984-Welt" passen könnten?

Politik, die es nur einer treudoofen Mehrheit Recht zu machen vorgaukelt, halte ich nicht für sinnvoll. Und Richter, die Psyche, Soziologie, Ethnologie, Religion, Gewalt, oder anderes ... nicht verstehen aber darüber urteilen, können einem die Laune verderben.

Unreflektierter Feminismus, anderer religiöser Wahn, Ideologien, ... brauchen nur noch angeblich „gute Absichten", um sich zu etablieren. Sätze wie: „Der Weg in die Hölle ist mit guten Vorsätzen gepflastert", höre ich allzu selten, obwohl es weiterhin danach aussieht. Zudem wenden Leute die Einsichten dahinter kaum auch mal regelmäßig auf sich selbst an. Die „Generation Gipfel" bekommt angesichts für sie als Generation seit langem erstmals wieder sinkender Lebensstandards, drohender Ernteausfälle, besagter „Grenzen des Wachstums", ... und der daraus folgenden antizipierten Konflikte, anscheinend „Torschlusspanik!".

Ich persönlich wäre mit sehr wenig Besitz zufrieden. Habe nur, um zu demonstrieren, dass ich ein gewisses Maß an Leistung bringen kann, ... hier mitgemacht. Mich stört an alledem, dass man nur so eine Zahl von Cis-Frauen finden kann, die in mehrerlei Weise „schwingungsfähig" sind. Gerade Cis-Frauen definieren sich oft über den ökonomischen Status des Cis-Mannes, Cis-Männer sich eher über die Ästhetik der Cis-Frau, was sich für wohlhabende Cis-Frauen umkehren kann. Vereinfacht gesagt und hauptsächlich in Bezug auf Cis-Männer und Cis-Frauen. Wenn allgemein ein ökonomisches (weniger Konsum) und demographisches (weniger kinderreiche Familien, Frauen) Abrüsten Sinn macht und damit gewünscht sein dürfte, bin ich zu ersterem bereit und würde bei Letzterem Kompromisse eingehen. Klartext: Ich werde gerne teil:weise verteilen, was ich habe, wenn dafür andere auf Raubbau, viele Nachkommen-machen,... verzichten.

Denn es müssen diejenigen, die die Sache eher im Griff haben, mit den ersten Schritten beginnen. Die Gewissheit, dass Wohlstand geteilt werden wird und nicht sinnlos vernichtet werden kann (durch die üblichen

Chaoten), beruhigt, das ist eine Gewissheit, die in einem „System mit potentiell totaler Überwachbarkeit" real werden kann. Doch so ein System kennt Vertrauen nur noch hypothetisch und dennoch wäre auch eine Rückbesinnung auf alte Werte möglich, besser denn zuvor. (Und ja, Cis-Frauen werden wahrscheinlich für gleiche Arbeit meist schlechter bezahlt, als Cis-Männer. Aber: Es gibt insgesamt auch Unterschiede zwischen den Geschlechtern, die eine Relevanz haben oder haben können.)

Was wäre die emotionale Basis für einen Wandel?
• Wie so oft: Gewaltfreie Kommunikation.

• Natürlich: Wahrhaftigkeit.

• Bedingungen für geistige, finanzielle, körperliche, ... Zuwendung, die bei „weniger Reifen" klar aufgestellt und kommuniziert werden können.

• Gelegenheit zur maßvollen Reproduktion für potentiell jedeN.

• Zuverlässige, kompetente Sozialkontakte. (z. B. Menschen die erkennen, dass „Pride" eine Kompensation für Ausgrenzung ist und das ansprechen.)

• Für unkonventionelle Formen der Sexualität: Potentielle PartnenInnen oder Roboter (z.B. für Pädophile, allzu sadistische Leute, ...), wären eventuell teils besser als der Status quo, perfekt ist es so noch nicht.

• Das Zulassen bestimmter Arten des Humors. Nicht zersetzende Anwendung von Satire, um Missstände auf zu zeigen. Denn Trauer, Mimimi und ähnliches führen manchmal nicht zu guten Ergeb-nissen. Wer sagt denn, die einzige Art, Dinge an zu packen, wäre defensiv und

passiv-duldend??? In dem Sinne: Manchmal vielleicht die „Moral-Keule"
stecken lassen. Misogynie, Sexismus, Rassismus, Homophobie,
Transphobie, ...-Keulen, um Leute „verstummen zu machen", ist ein
Machtinstrument, das Dialog auch verhindern kann. Und damit positiven
Wandel. Selbst, wenn „die betroffenen Gruppen" manchmal nur dieses
Mittel haben.

• Entspannung durch Lernen von Sinnvollem.

Ich will nicht allzu pessimistisch wirken, jedoch sind mit Klima-wandel
eventuell zehntausende Milliarden Dollar Schäden und aufwendige und
riskante Umbauten verbunden. Zudem könnten hunderte Millionen Leute
fliehen müssen. Viele Technologien sind dabei aber auch in einer recht
sicheren Situation für neue Erkenntnisse. So kann auch die Natur sich
vielleicht stabiler neu ordnen, durch die zusätzlichen Mengen an CO_2,
die der Mensch in die Biosphäre einbrachte.
Teilen mehrt. Leid teilen halbiert das Leid. Freude teilen verdoppelt die
Freude. Ein Zerteilen ist seltener von Nutzen.

Motto 1

Ich bin gegen dysfunktionales Denken, nicht gegen Menschen.

*(Wenn die Corona Impfung, wie laut manchen Gläubigen ein Mal ist,
dann ist der Impfpass n Malbuch (Das spielt auf das Phänomen an, dass
manche Gläubigen-Verschwörungstheorien in Impfung oder anderem ein
„Mal des Teufels" sehen)? Ernsthaft: Wenn man die Mehrheit zum
Impfen gebracht hat, kann und darf man diese dann dazu benutzen, die
Minderheit zu nötigen, sich ebenfalls impfen zu lassen?...)*

Motto 2

Fehler machen kann jedeR, daraus lernen nicht. „Oh, hat das vierzigjährige Baby brav Pipikaka gemacht!?!"

Motto 3

Aus Schaden wird man klug, und: Ich habe den Vollschaden! :D

Strukturen

Es gibt quasi für alles redundante Systeme. Von Leitungswasser zum ökologisch wesentlich schädlicherem Wasser aus Flaschen. Vom Lernen aus Theorie oder Praxis als Basis. World Wide Web oder Darknet. ÖNV oder Auto. Solidarität oder Versicherung.

Definition: Definition

Definitionen sind SINN-Muster. Frames, Stereotype, Vorurteile und Urteile, Erkenntnis-Strukturen, Einsichten, Begriffe (zum Degreifen)... sind Fragmente und (manchmal vorläufige) Teil-Muster. Ziel muss Inklusion aller Frames sein, die Verknüpfung der Definitionen zu einem holistischen, ontologischen, ... Weltbild. Das, was diese Inklusion, das Verknüpfen ermöglichen soll, ist Verständnis und Austausch, Erfahrung und Offenheit. Die Hindernisse dafür will ich hier teils benennen und in der Theorie, besei-tigen. Begriffe ermöglichen, wie gesagt, zunehmendes Begreifen und steigern die potentielle Macht, die beruhigt, wenn man sie

120

gerecht teilt und ausübt.

Wir sind an einem Wendepunkt der Geschichte angelangt, das ist meine These dazu. Der Mensch „hat immer Tiere gegessen", „Autos sind schwer verzichtbar", „es gibt immer tödlichere Waffen" oder die neue Entwicklung: „es gibt immer mehr Naturkatastrophen" oder andere ablenkende Angstmache, ... so vieles spielt eine Rolle, die es nicht spielen muss. Wir sollten uns bemühen, die Wunden in der Gesellschaft und der Natur kenntlich zu machen und überlegen, ernsthaft überlegen, ob die alten Verhaltensmuster noch praktikabel sind oder ob wir umlernen sollten. Definitionen ermöglichen eine Art vereinheitlichte Basiskommunikation, jedoch sind auch Definitionen zunehmend im Wandel „begriffen".

UND meist sind Dinge, Einstellungen, Definitionen nicht 100% richtig oder falsch. Klar „wollen" Leute, um nichts falsches zu tun, die 100%ige Garantie, das „Richtige" zu tun und meist meinen sie es erstmal „gut". Jedoch ändern sich die Umstände und damit die Definitionen stetig und es „gut" zu meinen ist kein ausreichender Grund für Mord, Quälerei, Öde,... . Zudem ist das Einfühlen, welches quasi nie zu 100%-Urteilen kommt, zwar „langsamer", der Kompromiss daraus, „Konsens" genannt jedoch oft für alle gut und damit tendenziell stabiler als „die eiserne Faust", die vielleicht alle „Abweichlerinnen" interniert, verfolgt, umerzieht, tötet, ..., weil ihr Regime sonst nicht funktionieren würde. Die hier gewählten Definitionen weichen vom „Mainstream" ab und sind, im Rahmen dieses Buches, die praktikabelsten „Setzungen".

Definition: Künstlich

Künstlich: Imitationen von erkannten oder verklärten, verzerrten, ... Prinzipien aus der Natur, meist in Hinsicht auf: Größe, Intensität, Anzahl,

121

Teilbereich, Fachbereich, ... verschoben, abstrahiert, kopiert, skaliert, ... Arbeitsteilung, stark auf Kooperation basierend, hat zusammen mit technologischen Erkenntnissen nicht nur die Produktion gesteigert. Es ist in weiten Bereichen der Wirtschaft so, dass eine Überproduktion gar ihre eigenen Probleme und Lösungsansätze dafür hervorgebracht hat. Probleme: Übermacht vs. Ohnmacht.

(Ein Beispiel aus der Psychologie des Problems: Die schwindende Identifikation mit dem Produkt der eigenen Arbeit, sowie die zunehmend fehlende Befriedigung, etwas auch außerhalb einer Fließbandarbeit schaffen zu können, führt in Abhängigkeiten, ökonomisch, psychisch, ...).

Burnout, ...

Definition: Kultur

• Kultur: „vorschnelles Denken" in großem und Gesellschaftlichen Maßstab. „Monokultur", weil viel vom jeweiligen „Gut" dabei hergestellt werden kann. Pestizide einsetzen (oder Zensur, im Bereich Medien) oder Wiederholung des „staatlichen Credo" in der Schule (ja, ja: „Demokratie hat „Gewaltenteilung", ja Gerichte bezahlt der „Staat", der ist ja so „neutral" Polizei und Lehrer sind „neutral"?! Ja, Wahlen sind frei, man muss bloß hingehen und die vorgeschlagenen Konzepte „schlucken". Anonyme Wahlen sind gut? Wodurch jedoch die Notwendigkeit zu einer Debatte teils auf der Strecke bleibt…). Kultur vereinheitlicht in ihrem Sinne, was sich phänotypisch in Kleidung, Sprache, ... zeigt (Beispiele: Uniformen, Mainstream-Mode, Klonen, Druckerpresse, Fließband-Produkte, ...). Monokultur im Glauben sind repräsentiert durch große Religionen. Dort sind auch durch die Ballung von Macht in Form großer Mengen von Men-schen, starke Tendenzen zu

Machtmissbrauch und „Gruppenzwängen" zu finden. Spiritualität „von der Stange"?!

Kulturen sind auch durch in Machtgebieten sichtbare und funktionale Gebäuden „erkennbar". Wer die angreift, stellt die Macht der anderen Kultur in Frage und wird bestraft, äh …, belehrt. Anti LGBT ist auch eines: „Schön einfach". Anti CO_2 Ausstoß und billiges Benzin? Nein, schön „business as usual", leicht und einfach, bis… ja, bis...? Sich darauf zurückziehen, dass "die Atmosphäre schon einmal soviel CO_2 enthielt"?

Was man nicht kennt, versteht, ... wird diskreditiert, verachtet, verfolgt, getötet, ist gegen „Gottes Plan", „böse", in den Augen mancher (Manchmal mache ich meine Ironie nicht kenntlich, passt also auf!). Jedoch ist alles Neue wirklich mit Vorsicht zu genießen. Sind Leute z.B. einer Religion gegenüber -phob also ängstlich, wenn sie diese hofieren oder ist „Speichellecken" respektabel…? (Und das, obwohl viele „Angehörige" der betreffenden religiösen Gruppe vielleicht den Hofierenden oder „ihrer Gruppe" gegenüber feindselig eingestellt sind, sie mit dem Tode bedrohen, oder zumindest mit Formen der Unterdrückung (weniger Meinungsfreiheit, weniger freie Wahl der Kleidung, weniger freie Wahl des Sexualpartners/der Sexualpartnerin, ...)?)

Kultur als Begriff in der Landwirtschaft, der Biologie, ... sind zu berücksichtigen, zum Beispiel im „Bereich" Zucht. Kultur züchtet zur körperlichen Verstärkung oder Abschwächung bestimmter „Merkmale". In der Leistungsgesellschaft in Richtung „größer, schneller, weiter, ...". Aber auch vor der Persönlichkeits-Erziehung macht die Kultur nicht halt. „Zucht und Ordnung", sowie „Züchtigung" sind hier stark vertretene Konzepte. „Unkraut", „Ungeziefer", „Un(ter)-menschen", „Ungläubige"... sollen vermieden werden und werden bekämpft. Religion ist „in der Regel" ein Herrschaftsinstrument. Eines, das die „Opfer" sogar bei sich selbst „installieren" und verteidigen. Weniger Bildung, weniger

Verständnis, ... weniger Macht über sich selbst, kennzeichnet gerade die einfachen Gläubigen. Der Frust darüber, dass Religion nur mit verschiedenartigen Opfern funktioniert, da sie oft dysfunktional ist, bekommen die „Ungläubigen", die „AußenseiterInnen", die „nicht in den Plan „Gottes" zu passen scheinenden", die Frauen, ... ab. Auch Ideologien, die sich „Aufgeklärtheit" auf die „Fahne" schreiben, können eine Form der Religion darstellen. Uniforme Denkmuster, uniforme Gebete, uniforme Kleidung, ... soll das Gefühl für das Individuelle mindern, damit man Ersatz hat, falls man ein paar der „Figuren" auf dem Schachbrett: Welt opfern muss.

Soll man Teile der Religionsbücher nur im historischen Kontext lesen, heißt das, sie gelten heute so nicht mehr. Soll man sie wörtlich nehmen, findet sich viel Widersinn. Oder liest man sie nicht besser einfach als nette Geschichten und Regeln, die manchmal etwas Sinn ergeben?

Im Bereich des evolutionär neuen Verhaltens, teils durch Technik(en) ermöglicht, finden sich Geldscheine, Jagdscheine, Führerscheine, ... oder Diplome und Urkunden. Hat man diese erworben, kann man einerseits etwas, andererseits signalisieren solche Zettel, dass man vielleicht nur etwas können will. Die Toten und Verletzten im Straßenverkehr sind gar nicht gewollt, aber Mensch weiß, dass es sie geben wird. Jagdscheine zeigen, dass Mensch nicht unnötig Tiere leiden lassen will, was aber gar nicht vermieden werden kann, beim Jagen.

Definition: Natur

Natur: Alles in und um uns, bis zum Tod. Und nach dem Tod geht es teils anders weiter. Ist nicht alles Natur?! „Spiritualität" als Spiegel unserer inneren und äußeren Natur spielt bis zum Tod aber auch vor dem Leben und danach eine Rolle.

Definition: Normal

Normal: Der „Norm" entsprechen. Bei mehreren möglichen Normen muss abstrahiert werden …, denn Normen können Künstliches, Kultürliches, Natürliches UND Normatives umfassen somit kann Normales verschiedene Normalitäten beinhalten, verkörpern, ...

Nach einer anderen Definition ist alles „normal". Aber bei Dingen und Handlungen, die permanenten Schaden hervorrufen, wäre ich vorsichtig. Dadurch, dass es gerade eine Entwicklung gibt, die uns drängen will, unser tierisches Erbe abzulegen, ändert sich derzeit die Definition von „Normal" stark. Auch die Veränderungen in „unserer" sozialen und ökologischen Umwelt verzerren alte Weltbilder durch faktisch „Neues".

Ein paar Beispiele für den Wandel im Bereich „Normalität": In der Natur gibt es oft erst zwei widerstreitende Prinzipien. Im Diskurs sind das dann, in der Regel, Meinungen. Das Angehen von Problemen mit einer gewissen Aggression war die Nische vieler Cis-Männer. Jedoch sind die Zeiten der Expansion und der Ausbeutung in vielen Ebenen, vorbei. So werden die damit verbundenen Formen der Artikulation zunehmend sanktioniert. Humor, Satire, (neckische bis hasserfüllte) Beleidigungen, ... fallen einem offensiven „Mimimi" zum Opfer. Das ist nicht nur schlecht. Gerade solche „Techniken", wie Stalken, Voyeurismus, Machotum, einstudierte Flirttechniken (gerade die, die Cis-Frauen einschüchtern und ihre Schwächen ausnutzen), ... sind so destruktiv im gesellschaftlichen bis psychischen SINNE, dass man, so taktvoll es geht, dagegen vorgehen sollte.

Jedoch, die erwähnte „Gegenseite", gerade Cis-Frauen und darunter große Teile der FeministInnen, sehen ihre eigenen Baustellen nicht. Die eigentlich auch vorhandenen „Rechte" der Cis-Männer werden abschnittsweise genauso unterdrückt, bloß dass das in der Diskussion nicht so sichtbar ist. Wenn die Lebenserwartung der Cis-Männer tendenziell geringer als die der Cis-Frauen ist, ist das doch auffällig. Wenn in den „unangenehmsten" Berufen, in denen gerade Cis-Männer vermehrt arbeiten, keine Frauenquote kommt, wäre das doch auch Ungleichheit. Wenn gerade „typisch cis-männliches" Verhalten häufiger als „toxisch" angesehen wird, ist dies doch, ab einem gewissen Punkt genauso „toxisch". Dass die Genderfrage stark eine grammatische oder grammatikalische ist, ist zutiefst merkwürdig, finde ich. Das Genus eines Begriffes ist nicht immer dem Geschlecht, wenn man das Genetische oder empfundene nehmen würde, entsprechend. Da wird dieser Aspekt der deutschen Sprache überbewertet (wie auch Phänomene wie NLP, IMHO). „Die Sonne", „die Lehrer", ... das hat weit und breit nicht viel mit einem wirklichen Geschlecht der Sonne zu tun. Dass hier Frauen, Gender, ... benachteiligt wären? Und als Genus gibt es ein Neutrum, das auch stark arbiträr verteilt wird. Naja, wenn's schee macht. Vielleicht führt die Debatte aber auch zu plausibleren Regeln für Sprache, ganz abseits des Gender-Themas.

Auch die Verschwörungstheoretiker haben mal Recht und verhindern so, interessanterweise gerade von Staat, vielen Journalisten, ... kritisiert, immer mal wieder wirkliche Verschwörungen oder decken solche auf. Wenn der „Mainstream" mal falsch liegt, hat auch mal die Gegenseite „Recht" und dann meist auch das für eine Veränderung notwendige Wissen.

Definition: Volk, Rasse

Volk: Vereinfachende Phantasie, die Stärke vorgaukelt, jedoch nahezu alle versklavt, außer sie schließt alle gleichermaßen ein. Rasse: Der Mensch, es gibt keine Menschenrassen (mehr). Für "wahre Gläubige" gilt ähnliches...

Definition: Gut-Schlecht vs. Gut-Böse

Gut-Schlecht (denken statt urteilen) vs. Gut-Böse (urteilen, statt denken.): „Solve et coagula" entspricht dem Prinzip „divide et impera" (Teile und herrsche) in vielerlei Hinsicht. Alte Strukturen werden aufgelöst, Bindungen zerstört und neu arrangiert. Währenddessen verknüpft man sie mit einem „Medium". Das Medium kann Geld sein, Wissen, Glauben, ... (Geld kommt als „Schein", ob aus Papier oder als Daten auf Servern, die Information über den Wert des Geldes ist mit dem Glauben an den Wert eng verknüpft. Schuld(en) bringen Leute zum Arbeiten für Gläubiger, gebetet wird für einen hohen „Kurs" der Aktien, die man „besitzt"). Diejenigen, die das Geld verwalten und „besitzen", „regieren" die Welt mittels dieser „physischen Form des Glaubens". Wir alle sollen am „Projekt Menschheit" arbeiten, die stärksten ProfiteurInnen sind das „Ideal", dem Mensch folgen soll, auf die „Reichsten" im Erdenreich wird geschaut. Zusammenbrüche „trägt" die Allgemeinheit oft nicht in prozentualem Maße und daher sind die Reichen, in der Regel, danach noch reicher.
Experimente, die das Lenken der Welt erfordert, sie kosten Opfer. Ganze Gruppen werden benachteiligt, verfolgt, zerschlagen, vertrieben, vernichtet. Notstände dieser und anderer Art werden als Ablenkung

genommen, um von den Strukturen der Macht abzulenken. Dummheit ist „geistige Armut", Angst ist Folge von „Armut an Macht", Faulheit ist „Armut an Motivation". Die Unterschiede zwischen den beteiligten Gruppen sind mittlerweile enorm. Die einen haben teils kaum Brot, die anderen füttern ihren Haustieren Fleisch.

Die einen haben viele Kinder, die kaum gebildet zu niedrigsten Arbeiten genutzt werden und eine Ballance herstellen gegen die, an Zahl, geringer vorkommenden Kinder mit guter Ausbildung und Versorgung. Qualität und Quantität im Feld „Ausbildung und Vermehrung" sind Anlass für Ängste und Hoffnungen. Folge der Konkurrenz um Ressourcen sind ein Nutzen der kleinsten Mengen an Rohstoffen, die gerade Kinder im „Wohlstandsmüll" finden können und ein Verwirklichen von extrem aufwendigen Projekten, die diese gewachsene Gesellschaft ohne Ungleichheit in dieser Weise, kaum realisieren könnte oder hätte können. Dass über einen Absturz eines „Touristenflugzeugs" mehr berichtet wird als über 30-40 Millionen Hungertote jährlich ist dem Umstand geschuldet, dass die Armen wenig „Lobby" haben. Dass Frauen sich schminken oder auch chirurgisch aufmotzen lassen (teils auf groteske Weise), dass Indigene, Gender, Öko-Aktivisten, Veganer, ... strukturell benachteiligt werden, ist auch teils gut. Das muss ich als „„Veganer", der Milchprodukte nicht ganz ausschließt" da er intelligent sein will, als Umwelt-Schützer, der moderne „Medien" nutzt, als „aufrecht Liebender", der auf Gender kaum achtet und mit den „unreif" gehaltenen Cis-Frauen so nichts anfangen kann, als Arbeiter in der Maschinerie, der gegen Ausbeutung vorgeht, ... sagen.

DENN: Komplett korrekt KANN man sich in diesem System kaum verhalten. Angebliche Korrektheit wird gar als Waffe genutzt, anderen ein Verhalten auf zu nötigen. Missstände werden erzeugt, dann schickt man die Heiler, die daraufhin bezahlt werden sollen... Folge: Alle wollen etwas vom Kuchen, aber nicht teilen. Die Ungleichheit wird als Anlass für Expansion und eigenes Unrecht genommen und viele sind unzufrieden. Man strebt „Neutralität" an, in vielen Bereichen. Gender-Neutral, Klima-Neutral, politische „Mitte", Autos ohne eigene

Emissionen, ... jedoch verlagert man das Problem damit nur auf diejenigen, die sich diese „Neutralität" nicht so leisten können. DAS nimmt man dann als Anlass, daraus ein Recht auf Konsum, politische Teilhabe, mehr Auto-Fahren, schöne und gesunde und reiche PartnerInnen, Urlaub, ... ab zu leiten. Eine Auslese findet statt, die nicht vernünftig, nicht gerecht also nicht richtig, ... und sehr verlogen ist. Die InfluenzerInnen, die Querdenker, die Parteien, die Wirtschaft, ... und andere Gläubige vernichten damit den Zusammenhalt, „divide et impera", wie gesagt. Innerhalb „ihrer" Gruppen-Informations-Blase streben die Leute „Frieden durch „gleiches Denken"" an, als Gruppe fühlt man sich „ermächtigt" und verführt, andere Gruppen zu bekämpfen, Kinder umzuerziehen und in möglichst schlecht bezahlte Bereiche zu drängen (natürlich die Kinder der „anderen", eigene Kinder sollen „es „gut" haben"), man baut Denkmäler ab oder auf, um den eigenen „Herr-/Frauschafts-bereich" zu markieren (Kirchen, Glockenbimmelei, Bücher zur Indoktrination, Schulen, Nachrichten, laute Gebete, Autos, Straßen, Markenkleidung, ...), all dies ist Imponiergehabe und Reviermarkierung. Gebete, Mission, Symbole, Geräusche, ÖR, ... sollen Grenzen zeigen und das allgemeine Denken lenken. Angst und Gewalt, Frust und Angst,...

Die Gruppen arbeiten oft nur für sich und/oder gegen andere. Die Lösung ist jedoch: Für alle zu arbeiten, auch wenn man damit teils gegen sich selbst arbeitet. Teilen, Verständnis, Geben, ... mag erstmal verrückt wirken, ist jedoch das Mittel der Wahl. Information auf das Wesentliche zu reduzieren, kann erstmal Überforderung herbeiführen, auf Dauer setzt es Ressourcen frei. Sich einzugestehen, dass man manchmal nicht weiß, was und dass alles SINN ergeben kann, führt erst zum „Lernen", dann zur „Selbstwirksamkeit". Information als Waffe muss einen „Waffenschein" erfordern, damit man die Waffe schwingen darf. Verunsicherung muss minimiert werden, indem jedeR das Maximum an Daten bekommen darf, das er braucht, ohne andere damit allzu sehr ein zu engen oder zu „stalken". Hierarchien, in denen man sich am Schwächeren abreagiert und so Frust, dann Aggression, dann Gewalt nach „UNTEN" weiterreicht, sind zu vermeiden. Die „UNTEN" dann für ihre „Schwäche" zu verurteilen und einzusperren, hin zu richten, zu entrechten, ... ist die eigentliche Perversion. Das „Gemeinschaftsgefühl", das durch gemeinsam begangene Verbrechen entsteht, ob real oder imaginär, muss einer Gerechtigkeit weichen, die den Namen verdient. Dass gerade die Gläubigen die Welt nicht so gut verstehen, resultiert manchmal in einer gewissen Frustration bei ihnen. Daher „freuen" sie sich auf einen Weltuntergang, mit möglichst viel Strafe für die „Bösen". Ich "verhafte" (mache haftbar) den Staat für das Erzeugen von Fehlern in meiner Erziehung.

Es erleichtert "Gläubige", gerade die ProfiteurInnen des aktuellen Systems „in der Hölle schmoren zu sehen", da sind die Gläubigen anscheinend zumindest „unchristlich", wenn man die „Liebesbotschaft" Christi mal ernst nimmt. Da sind InfluenzerInnen teils unmoralisch und intolerant, wo sie doch Intoleranz nicht tolerieren... Die Ursache ihres Hasses ist eine Angst, die durch die meisten religiösen Texte nicht gerade verringert wird, sondern deutlich provoziert. Dass dieser Hass in Taten mündet, weil manche die Untätigkeit nicht ertragen, ist schlecht, denn meist treffen dergleichen Taten nicht die, durchaus vorhandenen destruktiven Leute. Und Gewalt ist hier in keinem Fall eine Lösung. Ein allmächtiges Wesen würde zudem Verbrechen doch auch gegen jeden Widerstand eines Teufels, verhindern können?!

Definition: Persian flaw

Persian flaw: Vage erinnernd an: „Falsifikationismus, Unvollständigkeits-Theorem, Kategorischer Imperfekt/Infinitiv, ..." gab es im damaligen „Persien" bei Teppichwebern den impliziten Zwang, in Teppiche „Fehler"/„Falsches" ein zu bauen, da auf der Welt allein „Gott" perfekt sein dürfe. Falsifikationismus, Unvollständigkeits-Theorem, Kategorischer Imperfekt/Infinitiv: Fehler sind fehlende Erfahrungen, bei denen man teils „höllisch" aufpassen muss, um sich nicht zu verlieren. Um zu wachsen, muss man Fehler machen, gerade dann, wenn klar wird, dass es das geringere Übel ist. Denn wenn „totale Vernichtung" drohen könnte, kann man alles tun. Auch scheinbar Unschuldigen schaden. Doch wann ist dieser Fall einmal gegeben?! Wegen der Untätigkeit anderer...!

Definition: Paradigmenwechsel

Paradigmenwechsel (wann treten sie auf, warum und wie? Wie werden sie wahrgenommen und warum manchmal nicht?). Wann sind sie gut, wann schlecht/-er? Paradigmenwechsel markieren starke Verschiebungen im „Werte-Kanon" einzelner oder auch bei Gruppen. Wenn von der Frage: „Sollte man sich ein Auto kaufen?" über gegangen wird zu „Welches Modell, welche Farbe, …?", markiert das einen solchen Bruch, einen Paradigmenwechsel.

Dass dadurch, dass Grenzen nicht ständig ausgehandelt werden, weil sie festgelegt wurden, Konflikte entstehen, ist für mich real. Genauso, wie große Populationen das verursachen. Geschichte(n) lassen außerhalb ihrer „Ordnung" die Entropie steigen. Einzelne haben so in der Geschichte mit ihrem Narrativ bereits Kriege ausgelöst. Unsere Weltanschauung ist nur ein wenig von der Einstellung entfernt, die zu Zeiten der französischen Revolution fortschrittlich war. Früher konnte man in schwächer bevölkerte Regionen auswandern, ohne Nachteile. DAS geht kaum noch. So „reiben" sich die Nationen aneinander. UND eine Atombombe macht mehr „AUA" als eine Ohrfeige… Eine Atombombe zu zünden kann aber einfacher sein, als jemandem eine Ohrfeige zu geben. Beides ist nicht so gut, aber in den Resultaten unterscheidet es sich.

Definition: Intellitarier

Intellitarier: Das Selbstverständnis, das zu Essen, was von einem ethischen Standpunkt aus das Naheliegende ist. Derzeit wäre das global tendenziell eher pflanzliche Kost, mit Milchprodukten kombiniert. Wenn man muss, kann man Fleisch essen, sollte es aber minimieren. Etc., etc., ... Im Extremfall, wenn es um Leben oder Tod geht, kann man theoretisch auch tote Menschen essen. Die Entscheidung fälle nicht ich, wenn ich nicht betroffen bin, sondern die Notwendigkeiten und persönlichen Ansichten derjenigen in der jeweiligen Lage. Tendenziell sollte man mit dieser Ernährungsweise keine Zwänge oder übermäßigen Freiheiten verbinden. Kennzeichen davon ist ein Evaluieren der jeweiligen Situation. Das ist ethisch unbedenklicher als Systeme, die Hunger und Verhungern zu lassen und provozieren, wie die Systeme derzeit. Von der Tierquälerei, herausfordern von Pandemien, ... rede ich noch gar nicht im Detail... Oh, ich wiederhole mich! :D

Definition: Intelligente Plan-Wirtschaft (IPW)

IPW: Intelligente Plan-Wirtschaft ist eine „K.I.-gestützte", an den Bedürfnissen von Mensch und Natur orientierte Landwirtschaft, Handel, ... Dieser soll Effizienz, Nachhaltigkeit,.. belohnen. Das Produzieren von Produkten und Dienstleistungen in ausreichender Qualität und Quantität, bei sozialer und ökologischer Umweltverträglichkeit, ... ist das Ziel. Ohne die asymmetrisch verteilten Besitzverhältnisse, wie wir sie derzeit haben, wäre ein Kapitalismus nicht möglich, auch das damit verbundene Unrecht nicht. Andererseits will ich nicht in Regelwut verfallen. Manches regelt sich von selbst … Eine Enteignung der bisherigen ProfiteurInnen (oder eher doch Profiteure?) des Kapitalismus halte ich für schwer regelbar aber zunehmend notwendig.

Definition: Indoktrination und Selbstindoktrination

Ob es Texte sind, die in der „ich"-Form geschrieben sind oder in der „wir"-Form, die man also quasi als „eigene Gedanken" liest.
Ob Nachrichtensender und Internetseiten, wie Filterblasen, … selektiv Informationen bringen, die eine Absicht verfolgen, wie der Schaffung eines bestimmten Eindrucks bei den Konsumenten, einer bestimmten Haltung zur Welt.
Ob religiöse oder Gesetzestexte im staatlichen Bereich oder bestimmte „wissenschaftliche" Aussagen wiederholt werden oder der „Konsument" die Texte selbst wiederholt und andere zum Wiederholen bringt, ist zu 99% Anzeichen von Indoktrination oder Selbstindoktrination. Die wenigsten haben eine „über den Tellerrand" reichende, bewusst so strukturierte „Filterblase". Kaum jemand schreibt sich seine eigenen Mantren, Gebete, Meditationen, … oder ähnliches. Quasi nur etwa ein Prozent der Leute, und das sind meist Leute mit Kontakten in „rechte" UND „linke" Lager, mit „religiösen" und „nicht-religiösen" Menschen, … haben einen gewissen Überblick. Leider zerreißt es sie in der Regel eher, als dass es in ihnen ein Gesamtbild gäbe. Das Meisterstück der Gehirnfärbung und Gehirnverschmutzung hierbei ist es, die Leute sich selbst umprogrammieren zu lassen und den „Virus" sogar weiter zu geben. Auch das, was ich hier kund tue, kann zur Ideologie umfunktioniert werden, wenn nicht alle wachsam sind.

Am Besten wäre es, „Programmierung" offen zu legen, damit sich jedeR nach Belieben selbst so programmieren und leeren kann, wie jedeR es wünscht. Teils versuche ich genau das hier: „Ich bin der Herr, Dein Gott!"

Denken und nachdenken, statt zu verurteilen. Intellekt statt Emotion, wenn man sich Zeit dafür nehmen kann. Reichtum ist nicht deswegen richtig, weil er sich gut anfühlt.

Definition: Objektivität in der Fehlersophie

Aufgrund der Verknüpfung oder Verbundenheit von „Allem" miteinander MUSS es Verbindungselemente geben, die von dem „Bereich" in andere „Bereiche" geben. Irgendwo dort wird aus „zu 99,9% Ja" ein „Vielleicht" und irgendwann kommt man bei „zu 99,9% nein" an. Ein „absolut Falsch" gibt es quasi nicht. Wäre es schlecht, wenn es kein Leben gäbe? Nein, da dann niemand die Situation bewerten könnte oder leiden könnte, ... Doch die genauen Implikationen des „Denkens in Tendenzen" sind so weitreichend, dass ich es hier nur grob skizzieren kann. Auch Rassismusopfer können rassistisch sein, wenn sie gegen „RassistInnen" vorgehen, da das ein Pauschalurteil sein kann (und in der Regel ist), denn nicht jeder „Weiße" ist Rassist. Das unsensible Generalisieren ist rassistisch, gerade, wenn Hass dazu kommt. Von strukturellem Rassismus bringe ich nur mal das Beispiel, dass Hungernde (etwa jedeR zehnte Mensch auf der Welt hungert, Millionen verhungern jährlich) von den reichen Nationen nicht so viel Hilfe bekommen, wie Katastrophenopfer im „eigenen Land" der Reichen.

Dass FeministInnen gegen „Frauenrechte" arbeiten, ist zwar wahrscheinlich ungewollt, jedoch passiert das, bei der derzeitigen Umsetzung dieser „Idee". Weil die FeministInnen gleichsam zu unsensibel vorgehen und nicht so sehr merken, wie sie beispielsweise durch neue Privilegien auch entsprechende Pflichten erhalten.

Das „Kommunizieren in Tendenzen" ist wesentlich häufiger zutreffend, wenn man es einmal verstanden hat, als die frustrationsgeleitete Verallgemeinerung. Pauschalurteile, so mein Pauschalurteil, treffen selten zu. Ein Verständnis dafür, dass nicht jedeR, der auf dem Bau arbeitet oder als RichterIn, die Muße hat, wie ich, nebenher 1500-2500 Bücher und zehntausende Internetartikel zu lesen, sein Privatleben zur Berufung zu machen, ... und gefährliche Fehler zu begehen, ist doch klar. Wer will mit 45 schon vierzig Jahre gearbeitet haben und dabei gegen die eigenen „naheliegenden Interessen" und quasi jedes gesellschaftliche Verständnis von „normal" vorgegangen sein? Und wer will sich in der gesamten Zeit fünf, sechs mal neu erfinden? Von der ganzen Multitaskerei rede ich erst gar nicht ausführlich. Ich bin teil:weise unangreifbar, weil ich auch die Seite quasi jeder meiner GesprächspartnerInnen vertrete. Die wollen meist nur ihre Interpretation von Recht durchsetzen und merken zu spät, wie sie dann gegen "sich selbst" kämpfen. Sorry dafür! Ich lerne so die Schwächen der Systeme anderer kennen... Das nutze ich zum "Füllen" meiner Bücher. :D

Definition: Dekadenz und Degeneration

Wenn Ressourcen „frei" werden, wenn Arbeit und Verdienst nicht mehr strikt aneinander gekoppelt werden. Wenn andere für mich arbeiten und ich den Sinn der Arbeit seltener kausal spüre. Wenn die Ausbeutung „geoutsourced" (!) werden kann und ich im übertragenen Sinn irgendwo „Sklaven" oder „Angestellte" oder generell „Untergebene" habe, werde ich tendenziell hart mit diesen umgehen, wenn ich meine Unsicherheit vergrößere. Wenn ich nicht arbeite, spüre ich meine Selbstwirksamkeit seltener und verfalle in „Computerspiele", „Theorien bis Wahn über Verschwörungen" (was nicht heißen soll, es gebe keine Verschwörungen, denn die gibt es zuhauf), „Drogensucht", „Konzentrationsmangel", „Riskante virtuelle Geldgeschäfte", ... denn wenn die Arbeit als Orientierung wegfällt, nimmt die „Stärke" ab und man gewinnt an „Härte". Sozialdarwinismus ist als Stichwort zu nennen. So wird man menschlich eher abstoßend, außer unter „Gleichgesinnten". Die bodenständigen Sozialkontakte nehmen ab und man beginnt die Welt, langsam aber sicher, zu hassen. Und das, weil man ansonsten sich hassen müsste, was man ungerne täte. Denn der Weg dort heraus wäre Arbeit an der eigenen Psyche und an der Gesamtgesellschaft. So kommt es in einer Gesellschaft, die mehr als „verdient" verdient (letzteres finanziell, an Macht oder Besitz oder Freiheiten, ...) zu einer Geringschätzung der in der Hackordnung niederen und zu einem „überhöhen" des Glaubens an Ideologien, beispielsweise „Recht des Stärkeren (das eigentlich „des Härteren" lauten müsste)", „Law of the jungle", „Neoliberalismus", „Sozialdawkinismus", „Sozialdarwinismus", ... Da das zersetzend auf Gesellschaften und Zwischenmenschliches wirkt und nicht ganz der funktionierenden Realität entspricht, entfernen sich diese Gesellschaften von der „BASIS". Sie entfremden sich von anderen Gesellschaften und intern entfremden sich ihre „Anhänger und Teilnehmer" voneinander. Luxus, Dekadenz und Degeneration und deren Produkt: Opfer,- sind die Folge.

Sex, nur zum „Spaß", ohne die „Gefahr", Kinder zu zeugen, führt zu einer Entwertung des Aktes und der Menschen, was zu sinkendem Erwerb der für Elternschaft notwendigen Qualifikation führt. Folge kann sein, dass Cis-Männer und Cis-Frauen oder andere (keine Ahnung, wer vielleicht noch) weniger oft und intensiv „reifen".

Definition: Gesetzes-Recht vs. Gerechtigkeit

Gesetzes-Recht unterscheidet sich teils stark von Gerechtigkeit. Die Begründung mit: „Gott hat uns das Land gegeben, ihr geht hier weg, sonst spürt ihr „Gottes Zorn" (durch die Hand der KriegerInnen des „Herrn")", könnte die Menschen aus dem relativen „Paradies" aufbrechen lassen haben. Menschen wurden durch Gesetze (hat das Wort nicht eine Ähnlichkeit mit „Setzen", „Sesshaft"?) in Besitzende von Land und Besitzlose aufgeteilt. Die Trennung in „legale" und „illegale" Leute führt auf die Dauer zu der Entwicklung von „Arm" und „Reich" und füllt die Gefängnisse und Arbeitsagenturen.
Ich bin nicht gegen Gerichte, Privatbesitz, Kommodifizierung, ... oder Polizei. Mein Ansatz ist, diese Einrichtungen fair zu gestalten.

Beispiel: FeministInnen, ...

FeministInnen, die teils fanatisch vorgehen und „Pauschalurteile" verhängen, blockieren ihren eigenen „Weg nach oben", da quasi niemand unter solcherart „Tyrannei" und „Willkür" leben möchte, wenn auch manches, das „sie" vertreten irgendwie durchaus be-gründet sein mag. Beispielsweise sollten Menschen selbst bestimmen, ob und welche Kleidung sie tragen, solange das den Menschen im direkten Umfeld nicht plausiblerweise „ethische Beklemmungen" verpasst. So ähnlich beim „Gendern", dort wäre es nett, wenn die teils hart arbeitende Bevölkerung dazu nicht implizit genötigt würde und vielleicht wäre eine Volksbefragung gut. Viele sehen auch die Vorteile nicht und ich, zum Beispiel, hätte gerne konkrete, eingängige und sinnvoll praktizierbare

Regeln dafür.

Beispiel: Alltag

Generell macht man sich unglaubwürdig, wenn man selbst, als Staat, sonstiger Glaube, Partei, Mensch, ... das tut, was man an anderen kritisiert. Zum Beispiel das Töten von Menschen.
Sich Gruppen an zu schließen, zwingt andere tendenziell dazu, sich in Gruppen zu organisieren. So ähnlich könnten, in der Biologie, Mehrzeller-Organismen zustande gekommen sein. Die damit verbundene „Macht" kann keine mir bekannte Gruppe nur positiv nutzen. Die Mächtigen sind so mächtig, wie allgemein geglaubt wird. Geldscheine sind soviel wert, wie allgemein geglaubt wird. Man verschafft Leuten, damit sie in eine Richtung denken, solche „Vorteile und Werte", damit ihre Produkte etwas erschaffen. Erschaffen wird so Handel, Logistik, Wissenschaft, ... Leider entstehen so teils auch Gruppierungen, die schädliches tun: Mafia, Waffenhandel, Staatswillkür, DjihadistInnen,...

Beispiel: Strategie der bedürftigen Siedler, ...

Die Strategie mit den „hilflosen Siedlern", die im „wilden Westen" eingesetzt wurde, um Indigene zu vertreiben, zu enteignen, zu töten. Oder das „Begründen von Kriegen" mit Ereignissen wie angeblichen Aggressionen oder Verbrechen des „Gegners", wie im Vietnam-Krieg-Vorspiel oder eventuell 9/11, ... Oder das dauerhafte „Entrechten", Sanktionieren, Stigmatisieren von Gegnern, die diese in eine Defensive drücken, wo sie genau das tun, was die oft Mächtigeren erwarten, wie im

Bereich Nordkorea, „Ostblock", „Irak", ... oder mit politischen Gegnern, wie AfD, Querdenkern, ... (wo teils V-Leute eingeschleust sind, die vielleicht für die Polizei Verbrechen begehen, damit man Gründe hat, gegen deren „politische Gegner" vorzugehen.) Genau diese Strategie hat auf zu hören!

Sündenböcke, Teufel, ... trojanische Pferde, ... haben für uns 'ne Weile funktioniert. Jedoch... WENN man etwas gerne hätte, weil die Idee, das Ding, die Situation einem gefallen würde, man es aber nicht erreicht, es nicht möglich ist, ... DANN die eigene Unfähigkeit, das fehlerhafte oder falsche Weltbild dem „Scheitan" (Teufel) zuzuschreiben, ... ist recht armselig. Es ist auch ein Problem, dass es kaum möglich ist, sich innerhalb des Systems korrekt zu verhalten.

Und wo ist das System nicht?

Was auf zu hören hat, ist die ganze „gut gemeinte" Manipulation. So sollen Nachrichten informieren und nicht so zusammengestellt werden, wie man es zum Erreichen einer bestimmten Haltung der Mehrheit oder der Mächtigen in der Gesellschaft braucht.
Beispiel: Nicht die Frage, welches Modell von Auto und von welchem Hersteller „gut" ist, ist zu hinterfragen. Die Frage ist, wie nutzen wir die Ressource „Auto" richtig?
Beispiel: Nicht die Frage, welche Partei welchen Landes wir unterstützen sollen ist relevant. Wir sollten uns eher überlegen, wie wir eine gesunde Demokratie herbei führen.
Beispiel: Nicht die Frage, welchen „Impfstoff" wir uns spritzen lassen ist so entscheidend. Warum nicht wirklich geimpft wird (denn es gibt, wenn ich richtig informiert bin, für Menschen harmlose Corona-Stämme, die gegen COVID-19 immunisieren können), und ob eine dauerhafte Abhängigkeit von der Pharmaindustrie gewollt scheint, ist zu überdenken.
...

Beispiel: Dysfunktional

• Gewaltopfer, Stress, Mobbing, Menschenhandel, Kindesmissbrauch, Prostitution, Flüchtlinge, Sucht, Beleidigungen, Streit, Isolation, Krankheit, Armut und Hunger, Raubbau, Kinderarbeit, virtuelle Welten, ... sind ein paar der Symptome. Es sind evolutionär neue, anteilig zunehmend „künstliche" Ereignisse und Strukturen (überwiegend „legale" Verbrechen wie Vererben von Besitz und übermäßiger Besitz (der nicht „richtig" verdient ist), Entrechtung mittels Gesetzen, Krieg, Selbstjustiz durch Richter, Polizei, ...) die das hervorrufen. Diverse andere extreme Belastungen in Alltag und Beruf, vielleicht durch Identitätssuche und Zweifel am Sinn dessen, was geschieht und der eigenen „Rolle" dabei, führen zu einer prinzipiell als allgegenwärtig empfundenen Überforderung.

Vertreibung und Flucht der Schwachen, Unangepassten, nicht angepassten, sozial gering Etablierten, .., sowie vorerst schlechte Lebensbedingungen bei den ersten Bauern und den Anfängen der Weidewirtschaft, schuf die Notwendigkeit von Änderungen im Verhalten. Und das bei den Sesshaften UND bei den Wanderern/Nomaden/... Und dass gerade in den größeren Siedlungen oder „Ballungszentren" neue Regeln für ein Verhalten notwendig wurden, das in einer Zeit der „Irritation" mündete. Ohne sich bewusst zu machen, dass hier weitere Überforderung durch vorschnelles „Regeln" vermindert werden musste, wodurch „Minderheiten", „Diversität", „Freiheiten", „Wertgleichheit", ... unterdrückt und Menschen entrechtet werden „mussten".

Konkurrenten wurden (vor-)schnell zu Feinden erklärt, wie zum Beispiel im Letzten Jahrhundert der eigentlich marginale „Unterschied" zwischen „Kommunismus" und „Demokratie" (welche im Sinn ihres Grundkonzeptes beide nie realisiert wurden). Auch die Trennung „arm" und „reich" oder „kriminell", „legal" entspringen diesem „Quell'". Neuen Gesetzen und Änderungen der alten „Gesetze" (die eher auf Einstimmung auf die Natur basierten, musste man folgen,- wollte man überleben), aufgrund von noch fehlendem Recht und „neuem" Unrecht, sowie durch die Entstehung neuer Berufe, Nahrungsmittel, Ressourcen, Verhaltensweisen, Sichtweisen, Denkweisen, Wissen, ... Umweltschäden, Pandemien (vor allem durch Tierhaltung provoziert) mündeten in eine Tendenz zur starken aber reduzierbaren Selbst- und Fremdgefährdung in mannigfaltigen Situationen (Autos, Flugzeuge, Umweltverschmutzung, Klima-Beeinflussung, Waffen, Stress, ...). Ein oder DER Teufelskreis. Hier läuft etwas nicht richtig, bei einem System, basierend auf Unrecht, ist das kein Wunder.

Frage: Welche Ereignisse lassen auf eine übermäßige Belastung des Systems schließen?

Dass gerade Cis-Männer vor alltäglichen Aufgaben in Bücher, Spiele, Computerspiele, Serien, Fantasien, ... und andere Flucht-Medien fliehen ist bedauernswert. Dass sie dann mit dem Billigfleisch aus dem Discounter punkten wollen, das sie der Oma an der Kühltheke vor der Nase weggeschnappt haben und das unter ominösen Umständen „erzeugt" wurde, ... Dass sie mit dem Durchstehen von Horrorfilmen Stärke verbinden, mit dem schauen schier endloser Serien arbiträren und nahezu obsoleten Inhalts Themen zum Unterhalten finden, aber selbst nichts mehr erleben. „Haschen nach Wind", um mal die Bibel zu zitieren, mit 'ner Andeutung von Ambiguität.

Die Krise hat zu ihrer Entfaltung etwa 6000 Jahre benötigt und hoffentlich dauert ihre Bewältigung nicht allzu lange. Die Aufrüstung in vielen Bereichen ist teils ab zu bauen. Die Konkurrenz ist von einem Gegeneinander zu einem Miteinander zu wandeln. Territorien müssen möglichst permeabel gestaltete Grenzen erhalten, so auch die Daten von und über uns. Der Balanceakt Transparenz-Privatsphäre ist nur einer von vielen. Beeinflussungen von Tieren, Pflanzen, Pilzen, ... und Technik sind zu ergründen. Und das in beiden Richtungen. So stellen sich ungeheuer viele Fragen. Was die von mir hier im Buch präsentierten Beispiele, Definitionen, Fragen, ... nur anreißen können. Als „selbstverständlich" angenommene „Regeln" wie: „Durch meine Arbeit habe ich das Recht, Dir dieses Land, Produkt, ... abkaufen zu können." oder „Du brauchst Geld, das ich Dir gebe, wenn Du für mich arbeitest, Dich prostituierst!", „Tiere schmecken, daher darf man sie quälen (lassen) und töten (lassen), ...", „Ich darf mit meinen Satelliten den Himmel zukleistern!", „Du musst als Fußgänger ständig auf der Hut sein, wir wollen schließlich Auto fahren und brauchen Straßen!", „Wenn Du richtest und Deine Regeln wie Gesetze durchsetzt, ist das Selbstjustiz. Macht es ein „Richter", dem bunte Zettel beSCHEINigen, dass er das darf, ist es ok!" Etc.

Wo bleibt da die Reziprozität? Ja, ich wiederhole mich. Wiederholung ist eine Technik, um Sachverhalte einzuprägen. In den Tempeln der Glaubensrichtungen macht man das genauso, nur ohne den Grund zu erklären, daher ist die Prägung für viele teils zu „ihrem Willen" und „ihrem Denken" geworden.

Frage: Ausbeutung

„Darf" man die Natur um uns und in uns ausbeuten, wenn man sie in Besitz nimmt? Ist alles Monetarisierbar (in z.B. finanziellen Werten einschätzbar) und dann Kommodifizierbar (im z.B. finanziellen Wert festlegbar)?

Welche Werte sollten nicht käuflich sein?

Frage: Ausbeutung und Vertreibung

Expansion: Folge der Vertreibung von „der BesitzerInnen Grund und Boden", sowie steigender sexueller Reproduktion, überwiegend ebenfalls aufgrund der Vorteile der Lagerhaltung, Kornspeicher, Katzen zur Schädlingsbekämpfung, ... sowie Unterdrückung der Frauen und Indoktrination der Kinder. All dies, um Sicherheit und Macht zu gewinnen, bis es durchschaut wird. Insgesamt müssen die eher festgelegten „Erfahrungen" der Gene sich auf ihre verliehenen Möglichkeiten, durch den Körper, dem sie ihren Stempel draufdrückten, beSINNEn. Wenn die eigenen Gene schlechtere Chancen haben, greifen gerade „Cis-Männer" manchmal zu sexueller Gewalt und Unterdrückung. Das Ziel: Mehr Kinder.

Das einst natürliche Programm schreibt sich beim Wechsel zur Sesshaftwerdung, größer werdende Siedlungen, ... um. Mit all den „Trial and Error" (Terror?) Problemen und Opfern. Die Schaffung eines Ungleichgewichts, durch ein „Ungleichmachen", sowie die damit einhergehende „Neubewertung" führt zu einem neuen „Standard", an den Mensch sich anpassen muss, wenn er die Umstände nicht an sich anzupassen in der Lage ist. Wie der Sauerstoff, den irgendwann frühe Lebensformen in die Atmosphäre abgaben, was ihnen nützte, auch weil fast alles andere Leben in einem Massensterben unterging, „verpestet" der Privatbesitz, die Ausbeutung der Natur, die Umwelt„zerstörung", ... die Welt für viele Lebewesen. Durch eine Form der Zucht und

Züchtigung, werden die Massen zunehmend zu Sklaven und Opfern der Veränderung und damit der Verändernden.

Ist nicht alles, was "raubt" und erobert: "Krieg", kriegt ihr nie genug?

Macht Sprache nicht Sinn, wenn man weiß, was man sagt?

Fragen: Stereotype

• Gerade Cis-Frauen werden so sozialisiert, dass sie mehr „schöne Dinge" konsumieren und zeigen (sie fühlen sich dann weniger hässlich, letzteres wird ihnen durch eine „Degradierung gegenüber den, von der Gesellschaft bevorzugten Männern" als Minderwertigkeitskomplex untergejubelt. Sie definieren „ihren Wert" über ihr Aussehen, stärker zumindest, als Männer das tun müssen.), „Erleichterung der Arbeit" (Frauen arbeiten im Schnitt mehr, kaufen/"wollen", wenn möglich, Waschmaschinen, Spülmaschinen, ..., um „Zeit für sich und Kinder (Arbeit und Freizeit) zu finden".), „Urlaub" ist zwar teils Terror-... ich meine Tourismus (ja, ihr habt richtig gehört: Tourismus hat starke negative Anteile). Man macht schwächere Staaten abhängig, die dann statt Fabriken Ruinen aus der Vergangenheit finanzieren. Zudem ist die Wirkung des „relativen Reichtums" degradierend für schwächere Systeme. Ja, ihr wollt ja nur die fremde Kultur sehen. Ja, ihr respektiert deren („deren"!) Vergangenheit. Aber schätzt ihr auch deren Gegenwart und ihre Regeln? Destabilisiert man nicht andere Unrechtsstaaten, indem man ihnen „UNSERE" Werte, selbst, wenn sie mal richtig sind, „draufdrückt"?

• Wieso, denkst Du, sind viele Cis-Frauen gläubig, trotz vieler Nachteile?

• Wieso schminken sie sich oft? Weil sie sich so abhängig von ihrem Aussehen fühlen! Weil Cis-Männer sie verstärkt danach beurteilen, finanziell stehen sie, im Schnitt schlechter da. Weil… sie abhängig gehalten werden sollen.

• Wieso „glauben" viele Cis-Frauen und „(ehr-)fürchten" sie einen „Gott", der tötet, zum Töten auffordert, eifert (obwohl er angeblich allmächtig ist!?), territorial denkt, weibliche Sexualität tendenziell als „unrein" wertet, Frauen dem Mann unterordnet (tendenziell, gerade bei den „Cis-Geschlechtern"). Spoiler: Schwächere Körper, weniger Aggressions-Potential, ...

• Wieso verbünden sich Cis-Frauen stark gegen Cis-Männer und werden da extrem und versauen sich Verständnis, weil sie weniger differenzieren (weil sie frustriert sind, oft) und nette Männer schädigen (diese Loser, Weicheier, Schlappschw..., ...)? Wieso sind gerade noch diskriminiertere Leute ihre „Verbündeten" (Gender-Typen, die von Cis abweichen oder gar nicht existieren, da die Leute sich im Dschungel der Identitätssuche und Diskussion verlieren und vielleicht einfach nur mal "Sex" wollen)?

• Wieso will, da frustriert (upps, das war schon die Erklärung) die durchschnittliche Cis-Frau von ihrem Cis-Partner als „schönste Frau der Welt" gesehen werden? Sonst wäre ihre Position ja durch andere bedroht, es geht dem „Mann" ja sehr oft um das Aussehen.

• Wieso unterdrücken Cis-Frauen ihre oft existente natürliche Neigung zur Bisexualität weniger, als dies Cis-Männer tun?

• Wieso werden Cis-Frauen nicht so stringent auf funktionierende Logik erzogen, die ihnen feste Argumente verschaffen könnte? (Upps, Begründung steckt wieder in der Frage!)

• Warum neigen gerade „physisch schwächere" Leute dazu, sich aggressiv und „machistischer" auftretenden Männern anzubiedern. Bzw. deren Ideologien, wenn diese „erfolgreich" sind oder „klare Rollen" vertreten? :D

• In „Gott" vertrauende und in den Glauben (herein-) fallende Cis-Frauen werden noch häufiger als „GebärerInnen" genutzt. Was ihnen feste „Aufgaben" gibt. Diese nutzen sie als „Halt" und damit erfüllen sie für Cis-Männer den Zweck, der ihnen zumindest etwas „Gewissheit und Sicherheit" vermitteln kann.

• Wieso reduzieren manche, eher „erfolgreiche" und sich „begehrt-fühlende" Cis-Frauen Cis-Männer auf Sex, „physische Attribute", wenn das gegenteilige Reduzieren der Frau auf solches „schlecht" ist. Ich rede von diesem Habitus bei manchen Cis-Leuten. Narzissmus?

• Das Reden von Freiheit, gerade in Bezug auf gesellschaftliche Systeme, die ihr Unrecht mit dutzenden Regeln, Angst, Aggression, Krieg oder ähnlichem Zeug praktizieren.
Witz?: Ich hatte mich immer gefreut, wenn mir jemand etwas erklärt hat. Bis eineR mir den Krieg "erklärte"! :)

• Wieso sollte man in Gesellschaften mit hoher Geburtenrate die Cis-Weiblichen bevorzugen und warum in Gesellschaften mit niedriger Geburtenrate die Cis-Männlichen?

Fragen und SINN in allem Natürlichen

Menschen, deren Lebenskonzepte stark geprüft werden, werden oft ängstlich. Dann suchen sie Lösungen oder gehen daran zugrunde, was vielleicht anderen Motivation zum Finden einer Lösung gibt. Glaube kann auf lange Frist
schaden, jedoch im Einzelfall, wie ein leckeres Kaugummi den Eindruck erwecken, man nähme dauerhaft Nahrhaftes zu sich. Hoffnung kann am Handeln hindern, weil man vielleicht allzu lange einen Missstand duldet, jedoch ist längere Betrachtung, mit einer gewissen Ruhe, für Lösungen eine gute Grundlage. Wir sind alle Teil der Natur, solange zumindest, wie wir biologische Körper haben. Da können wir kaum „gegen die Natur" sein, schon gar nicht gegen „Gott", oder (Ironie)??? Hoffe, dass das nicht irgendwelche Leute dazu bringt, etwas richtig „Dummes" zu tun. Symptome sind nicht nur „Zeichen von Krankheit", sondern gewöhnlich auch „Zeichen von Heilung". Ganzheitliches, achtsames Denken tendiert dazu, alles potentiell einzuschließen. Die Idee „Gott" hat einen gewissen Nutzen und stellt ein „Ziel" dar, das wir gar nicht erreichen müssen. Sollbruchstellen in der Welt (z.B. in der Technik, oder in der Psyche, ...) lassen uns stabilere und bessere Konzepte finden. Haltbare Produkte kann man erzeugen, wenn ein Ende von Entwicklungen erreicht ist. Gäbe es nicht immer wieder teilweise Zusammenbrüche, lernten wir schlecht Reparieren und Heilen. Der Schmerz und die Opfer, die auch ich nicht gerne will, sind unser Motiv, besser zu werden.
So sollte es zu Abstimmungen und Verbesserungsvorschlägen für die Gesellschaft kommen, durch Menschen (oder K.I.s?), schon mit Beginn der Vollmündigkeit (die nach einer „Reifeprüfung" einsetzen sollte, nicht

mit Erreichen eines bestimmten „starren" Zeitpunktes).

Cis, Trans, ...-Frauen und Mädchen in der 3. Welt sollten von den „Reichen" derzeit bevorzugt werden, bei Bildung und der Vergabe von Krediten, um die Geburtenrate ein zu regeln (Strerilisation ist keine wirkliche Option, außer die Menschen, die sterilisiert werden, wünschen bewusst, sterilisiert zu werden).

Wäre das weglassen jeglicher Gender-Grammatik nicht praktikabler als die Erzeugung von oftmals uninteressanter Konnotation von Aussage mit Gender? Denn, wenn unnötig unterschieden wird, impliziert das eine Wertung. So wäre in: „sie geht für ihn einkaufen" oft fraglich, ob das Gender bei solchen Handlungen für die gewollte Aussage Relevanz besitzt. Prägt das machen solcher Unterschiede nicht die Rollenbilder unnötig? Der implizit und langsam explizite Druck, zu gendern schränkt Freiheitsrechte vieler ein, und das, um Freiheiten bei einer Minderheit zu erzeugen, die repräsentiert sein will...?! Warum nicht Namen als Sinnbild für die Person nehmen, wie seit Jahrtausenden und dort das Gender, falls gewünscht, deutlich machen. Dieses: „Du kennst die korrekte Art mich anzureden nicht, Du diskriminierst mich!"... oder „Du interessierst Dich nicht für mein Gender und meine sexuellen Interessen und teilst meine Vorlieben nicht, das verletzt mich!" und was ich mal las „Du würdest als Cis-Mann beim Sex mit Deinem Cis-Frau-Partner einen Plastik Dildo NICHT lecken, daher bist Du transphob!" ist Ideologie. Es gibt Cis-Menschen, auch als „heterosexuell" definiert. Diese sind so, wie andere Gender normal und das, obwohl sie nicht trans, ... sind. Hier ein „besser oder schlechter" zu implizieren, vielleicht, weil man lange Zeit nicht für so wichtig gehalten oder verfolgt wurde, ist „heterophob". Überlegt euch etwas besseres, ob in der Grammatik oder besser im Sozialen. Hier sehe ich eine Herausforderung, die nur im Konsens gelöst werden kann. Denn die Lösungen, beim Alten zu bleiben oder das Gendern so wie jetzt durchzusetzen, wird nicht allen und kaum der Mehrheit gerecht. Eine andere Frage ist, ob mangelnde Akzeptanz durch einseitige, zunehmend erzwungene Durchsetzung einer Anpassung gegen die Mehrheit dauerhaft zu positiven Resultaten führen kann. Viele haben gerne einfache

Lösungen, nicht komplizierte. Gerade, wenn der persönliche Gewinn für sie so schwer zu sehen ist. HebammInnen, Hebammer, HebammInnener, SamenspenderInnen, Leihmütterer, Leihväter, ... Schaut nach einer sinnvollen Möglichkeit, einer einfachen und einleuchtenden…
DENN eine große Zahl von Leuten will noch nicht gendern. Und wenn es anders geht, mit weniger Aufwand, ... Kompromiss?

Paradigmenwechsel: Das Ganze sehen

Das Essen von Fleisch war einmal eine Frage des Überlebens. Viele Ethnien dankten den Tieren für ihr „Opfer". Es gab auch teils eine „Kultur" der „Einheit" mit der Jagdbeute und die Jagd war ein Wettstreit um das Überleben, welcher zu Respekt vor den Fähigkeiten der Tiere führte. Bis die Jagd einfacher wurde und letzten Endes dann in der Fleischindustrie das Tier quasi gar nicht mehr als das Lebewesen wahrgenommen zu werden begann, das Respekt verdient. Gerade im Berufsleben oder anderweitig frustrierte Leute wollen „einfach nur ein gutes Stück Fleisch grillen", der mangelnde Respekt vor den Menschen in der Gesellschaft hat eine „Hackordnung", das Tier ist bloß das einfachste Ziel für den Frust. Insgesamt hat die Massentierhaltung derzeit, gerade in den Industriestaaten, quasi keinerlei Berechtigung mehr.
Dass Tiere gequält werden, mit Antibiotika Unsinn betrieben wird, die tierischen (Stress-, ...)Hormone gerade den Frauen schaden, der Hunger in der Welt durch die Fleischindustrie wächst, die Wälder mancherorts massiv gerodet werden, die Fäkalien der Tiere Natur zerstören (durch Überdüngung, ...), Pandemien ausgelöst werden können, Fehlernährung ausgelöst wird, Treibhausgase, ...

Irgendjemand „denkt" hier mit dem Magen. Was einst richtig war, ist jetzt fast komplett falsch geworden. So wandelt sich die Welt, eine gewisse „Relativität der Einstellungen" wird auch hier sichtbar. Die jeweiligen

Umstände diktieren das. Die Vielfalt garantiert, dass es hoffentlich immer Leute gibt, die, aus ihrer Perspektive logisch begründet etwas können und auch tun, das gerade als Fähigkeit benötigt wird. Auch sogenannte Kriminelle verfügen teils über solche Fähigkeiten. Diese werden jedoch sanktioniert, da man, tendenziell, keine Welt haben will, die von illegal Kriminellen geleitet wird. Auch sollen die Kriminellen Lösungen (Loslösungen) von der Notwendigkeit von Kriminellem finden und nützliches beizutragen lernen, daher macht der Staat ihnen die unerwünschten Verhaltensweisen schwer. Dass viele Staaten verbrecherisch sind, und dass Staaten negatives Verhalten dulden, wenn es ihnen nutzt, ist historisch gesehen, bis heute, die Regel. Auch der mangelnde Respekt gegenüber dem Leben von Tieren (um den Bogen zum Anfangsthema zu schlagen), führt zu einer Verrohung und in Resignation, denn die Menschen mindern den Respekt vor sich selbst, wenn sie sich „tierischer als jedes Tier" („Faust", von Goethe) verhalten. Denn wer Verbrechen begeht, legale oder illegale, weiß das oft und kann von sich selbst nicht so viel halten und seinen Wert anderen gegenüber nicht so gut darstellen. Daher ändert quasi niemand etwas, der Respekt entbehrt, da er dann ja sich selbst in Frage stellen und ändern müsste.

So wie in der Gesellschaft die Kriminellen unterdrückt werden, um neue Konzepte „aus der Not heraus" zu finden, unterdrückt der Mensch (gerade der Cis-Mann) seine innere Aggression, bis sie sich allzu stark angestaut hat. Andere Symptome der Unterdrückung der „Wahrheit": Zensur, Fake-News, Cancel-Culture, ... Das sind Mechanismen der Verdrängung (Sublimation), Kompensation, Projektion, ... von der Psyche bis in die Gesellschaft zu finden. Pathologie deutlich genug? Ist es nicht besser, Verständnis für jedeN zu haben aber zu wissen, wer gerade am meisten Recht hat?
Menschen arrangieren sich mit Unrecht, dadurch wächst es, bis…
Denn wenn der Staatsapparat die Bevölkerung so manipuliert, dass sie ihn mehrheitlich unterstützt, wo ist da die Idee mit „alle Staatsgewalt geht (gleichmäßig, im Idealfall) vom Volke aus". Wenn Repräsentanten regieren und das Volk ihren Wünschen anpassen… :D

Die ÖR sollen informieren. Doch durch eingebundene Musik erzeugen sie eine Emotionalisierung. Das ist nicht mehr nur Informieren. Die Unterhaltungssendungen braucht so niemand. Selektive Nachrichten, um bestimmte Reaktion bei der Bevölkerung zu erzeugen, ... Alles andere als neutral. So kann ich das schlecht unterstützen. Da wird zu sehr vom Auftrag abgewichen. In Corona-Zeiten hat die Regierung die Wähler dazu gebracht, die Meinung genau der Regierung an zu nehmen. Da wurde vom Volksvertreter regiert, und nicht vom Volke. Wer liest noch das Grundgesetz, so wie es auch gemeint sein dürfte???

Man sollte eine Partei gründen, deren Mitglieder die Politik, die die Politiker der Partei vertreten, in Abstimmungen bestimmen. Das wäre eine relativ demokratische Partei. :P

Solidarität ist entscheidend.

Wenn die Regierung lügt, den Willen des Volkes manipuliert, ... und so nicht ihren Auftrag erfüllt. Wozu bekommen „die" dann Steuern?

Ähnliches gilt für ÖR. Wenn nicht neutral informiert wird, wieso soll ich für Musik und selektive Auswahl von Themen bezahlen, wenn ich gerne frei urteilen will…?

Vorsichtig wäre ich auch, wenn man von Saatgutlieferanten abhängig gemacht wird. Oder von Impfungen. Oder von Cloud-Speicher. Oder Krypto-Währungen.

Von den Ängsten mancher gegenüber dem „Staat", die zumindest teils begründbar sind zu dem wahrscheinlichen Nutzen der Impfungen gegen schwere Corona-Verläufe. Die Spanne ist groß. Doch vom Guten der Impfungen abzuleiten, man könne jetzt bei vergleichbaren Situationen oder angeblichen Notwendigkeiten einfach impfen UND das ginge immer gut?!

Paradigmenwechsel: Emanzipation

Frauen (sowohl Cis- als auch Trans-) beheben derzeit überwiegend gesellschaftliche Probleme und erzeugen sie weniger. Wobei dieser Trend sich seit geschätzt zehn Jahren stärker umkehrt. Frauen sind überwiegend nicht „Schuld" an den gesellschaftlichen Problemen, jedoch beteiligt. Dass sie in Arbeiten gedrückt werden, mit Druck stark ausgehend von FeministInnen, die als Cis-Frauen ehemals stark von Cis-männlich dominiert wurden, hat aber nicht immer zur Folge, dass Cis-Frauen und andere Frauen profitieren.

Die Belastung durch Arbeit im Haushalt bleibt bestehen. Außerdem liegt es nicht nur an der Cis-männlichen „Natur" der Dinge, dass die Lebenserwartung von Cis-Männern niedriger ist als die von Cis-Frauen. Solche Männer gehen, ähnlich wie im Fußball, Autoverkehr, ..., höhere Risiken ein. Für Verletzung, durch Doping, ... Dass Frauen sich jetzt vermehrt in solche Nischen begeben hat auch negative Aspekte, gerade für Cis-Frauen. Der „Wert" von Cis-Frauen ist eventuell angesichts der relativ hohen Bevölkerung auf dem Planeten, durch sinkenden „Wert" ihrer Gebärfähigkeit, gleicher-maßen im Sinken begriffen.

Cis-Männer „freuen" sich gegebenenfalls über die Entlastung und den zusätzlichen Standfuß, den eine Familie z.B. nach traditionellerem Verständnis, bekommen kann. Mit den Privilegien der verschiedenen Beteiligten an einer Emanzipation kommen Pflichten, Verantwortung, Drecksarbeit (Drecksjobs: BauarbeiterInnen, BergarbeiterInnen, IMF-ChefInnen, GenerälInnen, ...). Zumindest, wenn mein Vorschlag hier nicht umgesetzt wird. Mal eine Frau oder n anderes Gender sein, wäre spannend, jedoch muss ich mit Hetero leben. Dass Cis-Männer Technik zum Verbessern derselben gebracht haben, durch Grenzerfahrungen, die Schwachpunkte verbessern ließen,... Seht ihr die Muster, die ich hier zu präsentieren bemüht bin???

Lösung: Auflösung, statt Loslösung- Verteilen, statt Zerteilen.

Die oftmals starken Schwierigkeiten, die Pathologie zu kommunizieren (Folge: Leid und Gewalt, Angst, Frust, Aggression, Gewalt, ...), sie führen in Krankheit, Konflikt, Not, ... Tarot und Astrologie sind nichts Übersinnlichen, sie helfen, Bedürfnisse, ... kommunizieren zu lernen. Das Lesen und Anwenden des Gelesenen im Tarot (wenn man mal höhere Kräfte als das Unterbewusste und Unbewusste außer Acht lässt), in der Astrologie, Pen and Paper-Rollenspielen, ... KANN die Fähigkeiten, das persönliche Problem zu kommunizieren, steigern. Wenn man dann auch noch andere in ihrer Not begleitet und sich derer Probleme annimmt, ohne sich emotional zu verlieren, kommt man automatisch zu einer Art der Lösung. Die oftmals irreführenden Wege der Religionen bieten meist nur scheinbar passende Antworten, aber auch Material, das sich als funktional erwiesen hat.

Die sinnvollen Teile sollte man, ohne Informationsverluste übernehmen und weiterhin auf ihren Gehalt prüfen, die unnützen und die schädlichen Bereiche sind etwas für die Geschichte oder Nostalgiker, ... Ebenso sind die Probleme der Technologien und deren Nutzen ab zu wägen. Schädliche Technik ist ab zu bauen, nützliche ist zu erzeugen. Zeit ist bei diesen Wandlungsprozessen entscheidend. Entscheidend, weil man über all dies erst nach der gemessenen Zeit entscheiden kann. Biologische, darunter auch psychische Prozesse steuern und regeln zu lernen, ist verführerisch UND teils riskant. Quasi alle meinen es gut. Manche meinen es eher nur mit sich gut. Wenn der Weg in die Hölle mit guten Vorsätzen „gepflastert" ist, ist das der ideale Weg zurück.

WENN der „Genderismus" vor allem Cis-Männer und Cis-Frauen für die derzeitigen Probleme „büßen" lassen will,- so lange die Ausbeutung funktionierte, waren sie „leiser" (auch, weil die Relevanz ihrer Haltung nicht so sichtbar war), gehen sie implizit gegen eine bestimmte Weltreligion vor. Auch der Kapitalismus steht so stark in der Kritik, meiner Meinung nach teils zu Recht.

Hier schlage ich eine potentiell gangbare Lösung vor, entscheidend wären Feldversuche. Mal sehen, wie offen die Leute für Kompromisse sind und für Konsens. Der „Krieg der *-Sternchen" hat so eventuell ein Happy End. Auch die positiven Aspekte der VorfahrInnen, die Auto gefahren haben, als SoldatInnen töteten, der MännerInnen und FrauEr (die anscheinend „närrisch" Risiken eingingen), der Homosexuellen (die es offenbarten, ...), der Trans-sexuellen (die sich operieren ließen, ...), ... können vielleicht irgendwo ihr Vermächtnis finden. Ihnen verdanken wir als ihre „Kinder", einen sichereren Ausblick und freieren Weg in die Zukunft.

Denn sonst drohen:
• Immer experimentellere Medikamente.
• Überwachung durch eine privilegierte Elite.
• Roboter als Machtinstrument (Drohnen, die töten, wer stört. Polizei, Armee, ... Killer-Roboter).
• Ghettos für Unangepasste.
• Zwangsimpfung.
• Entlassungen.
• Berufsverbot.
• Weitere Bevormundung, die in Unmündigkeit führt, wie in den letzten Jahrtausenden, nur „krasser".
• Keine Rente, von der Mensch leben könnte.
• Naturkatastrophen

• „Völkerwanderung"
UND: Das Ende!!! (in ein paar Seiten von hier aus, auch :D)
...

Für quasi jedes Problem existieren noch Lösungen. Wir legen uns häufig Ausreden zurecht. Manchmal soll die Regierung etwas ändern, oder andere Länder oder … Nein, jedeR kann und muss etwas tun, dieses Buch zeigt bloß Beispiele. Ich bemühe mich, was mir auch recht gut gelingt …
Die Einstellung, zum nächsten sauberen Strand zu gehen, wenn der, an dem man ist zu dreckig wird, habe ich nicht so sehr.
Denn so, indem man das Problem meidet oder umgeht, wächst es in der Regel. Sich mit Missständen zu arrangieren ist eher „faul", „feige", „dumm".

Fazit: Klondike (Tr'ondëk) des Verstehens

Klondike oder Tr'ondëk ist eine Gegend oder ein Ort, an dem es zu einem „Goldrausch" kam, vor über hundert Jahren. Jetzt, NUN, ist ein weiterer Rausch möglich, mit weitaus Sinnvollerem als Ausblick. Motive, Beweggründe für unseren Antrieb, unsere Motivation können Ängste und Begierden sein. Kurz das, was uns antreibt, von etwas weg oder zu etwas hin zu gehen. Die aktuelle politische, wirtschaftliche, militärische Lage ist festgefahren. UND sie kommt mit dem Wandel, der Tatsache, dass Rohstoffe nicht mehr in zunehmender Menge gewonnen werden können, nicht klar.

Atomwaffen machen Kriege teils obsolet. Kolonisierbares Land ist nicht mehr groß zu entdecken, man schaut schon, etwas realitätsfern in den Weltraum. Die Zusammenschlüsse der verschiedenen Ideologien, gerade Religion, lähmen Entwicklungen. Man wartet quasi auf ein Wunder, gerne auf etwas „Göttliches".

Mein Entwurf, wenn Mensch das so nennen kann, ist die: „Unorganisierte Organisation". Das bedeutet, „Vernunft" und „Dialog" sollen uns leiten. „Wahrhaftigkeit" ist das Mittel, das man hier vermitteln muss, ich gebe mir Mühe. Seid offen, redet und verurteilt nicht, ehe ihr die Lebensumstände des Gegenübers gespürt habt. In der Ethnologie nennt sich das „teilnehmende Beobachtung". Warum nicht so mal SoldatInnen, KriminellInnen, BauerInnen, ... besuchen, in einer Art Feldforschung. "Unorganisierte Organisation": Sich auf eine funktionierende Logik einigen, aber ohne sich gegen andere zu verbünden.

Klingt verrückt? Es ist auch ver-rückt, vom Alltag weggerückt, den man zu kennen glaubt. Doch, von einem anderen Standpunkt sieht man andere Teile und Facetten der Realität, wenn man nicht daran Schaden nimmt. Auch das ist möglich, bloß nicht so gewünscht. Eine Motivation weg von etwas ist jedoch auch eine Motivation. Konsens, Kompromisse, Teilen im Sinne von miteinander teilen, führt uns immer teils in eine Gemeinschaft. Und Gesellschaften sollten Gemeinschaften sein, wo Wahrheit, Recht, Gleichheit, ... angestrebt werden.

„Man ist da zu Hause, wo man verstanden wird!" (frei nach: Christian Morgenstern), denn, wer Dich versteht, weiß, kann und hat vielleicht das Wissen, das Werkzeug, die Hilfe, ... die Dir fehlt.

In dem SINN: Macht es gut!!! So gut es geht! Und motiviert euch, es ist Zeit, zu kommunizieren, zu verstehen und zu schaffen. So MUSS ein Konsens in Kooperation münden! Und das in möglichst vielen Bereichen. Geld hat nämlich in der Medizin, beim Militär, ... dauerhaft eher Probleme zur Folge und die derzeitige Konkurrenz weltweit KOSTET Unsummen an Geld, Unmengen an Rohstoffen und unzählige Menschenleben, von anderen Kosten, wie Schäden an Natur, Klima, Gesundheit, ... gar nicht groß zu reden.

LOS, Du kannst das, vielleicht musst Du lernen aber Du kannst auch lernen. Geh, „auch die größte Reise fängt mit einem Schritt an" (frei nach: Lao Tze, Dao de Jing).

Ich kann, im Rahmen dieses Buches nicht alles komplett darstellen und ausarbeiten. Fangt noch mehr an, selbständig zu denken und nicht nur das NACHzudenken, was andere euch vordenken. Nicht immer in der zweiflerischen Variante, sondern konstruktiv. Habt keine Scheu, Tabus zu brechen, bleibt aber wachsam. Seid also vorsichtig bei „neuen" Verhaltensweisen, wo ihr unsicher seid. Versucht, eure Schuld durch aktive oder passive Teilnahme an dieser verbrecherischen Kultur auf zu arbeiten und gering zu halten.

Dazu müsst ihr sie erstmal einsehen, aus einer Distanz. UND zu mindestens 99% basiert euer Fehlverhalten auf den Fehlern unserer Vorfahren. Eine Simulation der Welt, in euren Gedanken, kann euch lehren, die Realität und ihre Herausforderungen nicht ganz unvorbereitet an zu gehen. Opfer sind schwer zu vermeiden, vor allem aber dann nicht, wenn ihr nichts tut.

Die Schutzbehauptung: „Ich wollte/wusste/... es nicht!", ist nur bedingt nutzbar, gerade wenn ihr dieses Buch gelesen habt. Haltet euch weniger häufig für „korrekt", „erfolgreich", „klug", ... wenn ihr euch belohnt habt. Belohnung muss an Logik und SINN gebunden sein und sollte nicht allzu willkürlich erfolgen. Denn sonst könntet ihr euch falsch konditionieren Und auch in Sucht verfallen. Das Einüben falscher und fehlerhafter Denkmuster, beispielsweise in Games oder Beruf, ... ist riskanter als ihr vielleicht vermutet. Weil ihr die Gegebenheiten nicht mehr in Frage stellen könntet, die dann nahezu unweigerlich in Gewalt, Unrecht, ... enden werden.

Agrarökologie, Permakultur, nachhaltiger Technikeinsatz, Recycling,... wir können alle Menschen ernähren und dabei noch schmackhafter essen mit der Berufung, die sicher nicht auf JedeN zutrifft: GärtnerInnen zu werden, in der Welt und in unserem Inneren. In der Mitte des Gartens stehen zwei Bäume, und ich meine das im ursprünglichen Sinne, nicht so sehr wie in diesem anderen Buch.

Wenn ich nicht ausdrücklich schreibe oder gezielt implizit meine: „teilweise teilweise" oder „relativ relativ", ... sage ich an der Stelle, wie das gemeint ist..

In der Not muss ein Text wie dieser erlaubt sein, auch wenn ich nicht immer richtig liege. Fiktionale Texte zu verbieten, weil sie „Lüge sind" oder Texte zu sanktionieren, weil sie Fehler haben, ... problematisch. Ich hatte für alles Verständnis, doch fangt jetzt auch ihr an, Fehler zu beheben. Emanzipation, E-Auto, Tofu, Flucht-Literatur und Flucht-Computerspiele, ... sind zu gewissen Teilen so Mogelpackungen. Dazu vielleicht noch mehr im nächsten Buch. Falls ich mal dazu komme. :) Und: Angst, nicht nur die vor Corona kann krank machen. Wer z.B. dem Staat und der Wissenschaft nicht traut, der kann momentan Qualen erleiden.

JedeR könnte einen Garten mit kleiner Hütte bekommen, so Mensch es wünscht. Aber da man billige und „willige" Arbeitskräfte benötigt, wird das nicht realisiert.

Überlegt mal das Pro und Contra von einer Überwachung aller durch alle. Wobei man in die Privatsphäre anderer eindringen kann, aber das passend begründen muss. (z.B.: Pro: Militärische und Ökonomische „Abrüstung" zu Gunsten der Natur wären möglich. Contra: Ein Instrument totaler Kontrolle wird geschaffen. Wobei hier wieder das „Pro" und das „Contra" nicht zu 100%ig sind.)

teil:weise:

recht recht ---> teils nicht recht!

relativ relativ ---> nicht mehr so relativ!

intolerant gegen Intoleranz ---> sich selbst gegenüber intolerant?

endliche Endlichkeit ---> Unendlichkeit!

…

Kipppunkte gibt es beinahe überall. So auch im Denken. Dass derzeit etablierte Institutionen in Frage gestellt werden, ist ein Symptom des Wandels. Politik, Wirtschaft, ... verlieren Boden. Das Bewusstsein wächst, Mensch muss nur noch Toleranz bewahren und bereit für Respekt sein. Auch seine vermeintlichen Gegner könnte Mensch irgendwann brauchen. Eine bedeutsame „Technik" wird sein: „Das bewusste Steuern der eigenen „Filterblase"". Denn viele Gläubige aller Ideologien haben von Wissenschaft allzu wenig Ahnung. Und Wissenschaftler neigen zu Mängeln im „Sozialen". Ein ganzer Mensch informiert sich gerne, so weit das Sinn macht.

Und sorry, dass ich mit so Paradies-Versprechen nicht mithalten kann. Auch komme ich an eure Höllen-Drohung nicht heran. Dafür ist mein Vorschlag eher realisierbar. Sagt einfach öfter zu selbst- und fremdgefährdendem Verhalten: „Nein!" Euch und andere darf das „Nein!" aber nicht unnötig gefährden. Geht die gesellschaftliche Krankheit an, indem ihr euch und andere heilt. Alles Liebe und Gute, soweit möglich, für alle! Daher reduziert das Ausrotten der Unangepassten (auch wenn dadurch immer besser Angepasste entstehen) und die Anpassung der Welt an die „Mächtigen". Arbeitet miteinander und nicht so stark gegeneinander. Gute Besserung!!!

Projiziert

1.

Selbstfahrende Autos, im Tank gezüchtetes Fleisch, K.I., Roboter,... erlauben mit Änderungen wie Grundeinkommen und Anspruch auf ein Gartenstück und einer Unterkunft dort auch arbeitsintensive Unternehmungen wie Handwerk, Permakultur,... Man kann dann vom ressourcenschonenden Konzept "Armut" weggehen (ja, Armut ist der Treiber hinter sinnvollem Ressourceneinsatz und Recycling), auch ausbeutende Arbeit kann wegfallen. Probleme, die zu erwarten sind: Degeneration und Dekadenz,... auch wenn so zumindest ansatzweise eine Umverteilung beginnen kann.

Die relative totale Überwachung, die wir derzeit haben (2021), durch Handydaten-Auswertung, Biometrie, Kameras,... nutzt vor allem einer Elite. Da muss Gleichheit her! Die Überwachung ist kaum aufzuhalten aber lenkbar, letzteres beabsichtige ich mit meinem Konzept. Maximale Egalität, soweit das keine übermäßigen Probleme mit sich bringt. Spielt man ein derart maximal-egalitäres Überwachungssystem durch, lösen sich sämtliche derzeitigen Probleme recht leicht. Es sind jedoch andere, neue Probleme zu erwarten. (Interessanterweise bahnt gerade Religion den Weg zu einem Staat, der "alles" weiß und beinahe "alles" kann.)

2.

Es gibt im genetischen Bereich, im Physischen und Kognitiven, Unterschiede zwischen den sexuellen Geschlechtern. Diese zu benennen erleichtert ein Ausgleichen und erschwert es nicht. Kindern eine Mär zu erzählen, von Geschlechtergleichheit, ist überwiegend schlecht und sollte auch den Eltern als Wahl gelassen werden (sage ich meinem Jungen, dass er später mal aggressiver und körperlich stärker,... sein wird als mindestens 75% seiner gleichaltrigen Mitschülerinnen?). Es gibt Statistiken (ja, Statistiken sind manipulierbar, jedoch sind sie es nicht immer), die besagen, dass dort, wo die beiden verbreitetsten Geschlechter "durch Druck angeglichen werden sollen" sich ein Effekt breit machen soll, der die Unterschiede steigert, anstatt sie zu verringern. Viele stellen sich Druck erstmal entgegen, wenn sie dem Ganzen nicht trauen.

3.

Sollen Denkmäler abgerissen werden, wenn die historische Person rassistisch war oder Auto fuhr, oder Menschen oder Tiere tötete? Haben die "Mimimis" bei all den Problemen auf der Welt, die einen andächtig trauern lassen sollen (bloß keine Satire,...), jemals selbst gelacht, wo doch alles so schlimm ist? Andere zum Verstummen zu bringen erinnert an den "Fluch des Graugesicht" (Principia Discordia).

4.

Die Eliten haben es in den Flüchtlingskrisen oft eher mit intellektuellen Geflüchteten zu tun. Der "Bodensatz" ist leider anstrengender. Und dass

Flüchtlinge zunehmend in "ihren" Sprachen reden erleichtert Integration nicht, zumal die Notwendigkeit die Sprache des Gastlandes zu lernen so teils wegfällt. Sollen "die Deutschen" dutzende Sprachen lernen?

5.

Gibt es für n Job ne Frau, die gleichermaßen oder besser qualifiziert ist als die restlichen Kandidaten, nimmt man eben derzeit eher die Frau. (Hier meine ich vor allem die Cis-Geschlechter).

6.

In armen Regionen gibt es auch mehr Kinder, weil man sich dort durch viel "Anzahl" an "Gleichgesinnten" stark fühlt und sicher.

7.

Bis zum Finden von "smarten Lösungen" ist alles ziemlich unzufriedenstellend.

8.

Der Markt von besseren Produkten für den Wettbewerb gegeneinander und miteinander, Waffen und Werkzeuge, zwingt zur Teilnahme am Markt. Das "Geschäft wird belebt". Leider artet das schnell in Frust bis Krieg aus. Gerade die, die zufrieden wären, verlieren oder werden zum unzufriedenen Mitmachen gebracht. Letzten Endes gehört quasi alles den Werkzeug- und Waffenhändlern. Dass die Leute durch Leasing, Cloud-Speicher, Cloud-Computing, Krypto-Währungen,... immer weniger greifbar irgendwas besitzen, macht die Sache nicht so viel besser. Denn so wird bis auf weniges an Eigentum alles aus den Normalen BürgerInnen heraus gequetscht (durch Steuern, Konsum,...), wenn sie noch halbwegs an der Gesellschaft teilhaben wollen. Reich und mächtig werden die "Waffenhändler" und andere zweifelhafte Leute. So muss das nicht bleiben.

9.

Die Vorteile der Autos und Hunde,... und andere Mittel im Wettstreit von jedem gegen jeden (ja, wir alle befinden uns in Kooperation UND Konkurrenz) nenne ich nicht alle, ich setze Allgemeinbildung voraus. Dass unter all den Geschehnissen und Strukturen auf der Erde ein gewachsenes Konzept steht, die Natur (um zum Anfang des Buches zurückzukehren), deutet auf SINN hin. Ereignisse, wie Neuerungen, sind immer mit Argwohn zu betrachten. Wenn man Entwicklungen etwas mehr Zeit gibt, entwickeln sich aus Erfahrungen mit Neuerem Einblicke für Zukünftiges! Die Siege und vor allem die überstandenen Niederlagen geben uns Hinweise auf den Weg. Also respektiert ALLES UND JEDEn teilweise, bis ihr den sinnvollsten Umgang erlernt habt. Nutzt jeden Teil des Lebens so weise ihr könnt.

10.

"Der Mensch ist ein Allesfresser", hört man von den FleischesserInnen. Und: "Wir haben immer schon Fleisch gegessen". Das ist soweit auch teilweise gültig. Jedoch haben wir auch einmal "immer schon in Höhlen gelebt". Warum ist man davon überwiegend weggegangen?!

Dass Tierprodukte wichtiges Eisen und Vitamin B12 liefern, bedeutet schlicht, dass man das bei seiner Ernährung "intellitarisch" (siehe oben) berücksichtigen sollte. Genauso, wie alle anderen Faktoren, die ich bereits aufzählte und weitere Fakten wie die schädliche Tendenz, von Fleisch als Kost eher Krebs zu bekommen. Auch, dass man Schadstoffe stärker aufnimmt, wenn man Fleisch isst, und vielleicht drei, vier weitere schwerwiegende Punkte sind zu berücksichtigen. Informiert euch. Ich kann hier nur grob Fakten nennen, eure Mitarbeit ist gefragt, da ihr "produsen" lernen sollt.

11.

Regierungen lügen, verschweigen, begehen Fehler. Zu Zeiten von Covid-19 besonders. Abweichler, Selberdenker, Querdenker (die häufig einfach mit der Flut an Möglichkeiten von Verborgenem und Zweifelhaftem überfordert sind), stellen Konkurrenz für die Politik, die Journalisten dar und werden, selbst wenn ihre Ansichten mal komplett oder überwiegend zutreffen, kritisiert, ausgegrenzt, verlacht,... Hier neue Gegner zu erschaffen, ist teilweise Absicht des Staates (weil er das Entstehen dieser Gruppierungen nicht verhindern kann). Die neuen Gegner kommen gerade recht, um ihnen "Schuld" zuzuschieben ("die stecken andere mit "Covid-19" an").

Dass auch ein Anteil der Geimpften, laut "Reuters", eine "Gefahr" darstellen (andere mit Covid anzustecken) wenn sie ungetestet die "Delta oder Lambda-Varianten" verbreiten, da ihre Impfung das nicht verhindert, sie aber symptomlos scheinen, soll die Regierung mal berücksichtigen. Aber nein, die Geimpften "dürfen" "spreaden", da der Staat sie für ihren Gehorsam (dafür, dass sie sich haben impfen lassen) eher belohnen will. UND: Dass die "Corona-Leugner" die Finanzierung der Impfungen abgelehnt hätten (aus der Krankenkasse von allen regulären Arbeitnehmern bezahlt), damit unsolidarisch gewesen wären, davon habe ich nicht gehört. Zu hören war: "die Impfungen sind kostenlos" (die Krankenkassen finanziert aber "WER"?). Der Staat hat sogar erklärt, dass die "Geimpften und Genesenen die Tests nicht länger finanzieren wollen" oder so ähnlich. Obwohl von deren Seite derartige Äußerungen nicht kamen. Dass hier gespalten wird, ist einigermaßen klar zu sehen. "Divide et impera". Die politischen Gegner werden in die Kriminalität getrieben oder durch neue Gesetze und Verordnungen zu Kriminellen erklärt, um sie bekämpfen zu können. Wenn diese dann aus Angst und Enge (zwei nahe verwandte Begriffe und Bedeutungen), aus Logik und Zweifel den Staat angreifen, steckt man sie vielleicht in Gefängnisse und andere Umerziehungslager. Vielleicht nimmt man ihnen mit "guten Absichten" ihre Kinder weg. Die restliche Gruppierung, die der Staat in Ruhe ließ ist dann eingeschüchtert und lenkbarer. ANGST.

Die Natur als Ausweg und Handlungsweise wird verdeckt (man greift in ihre Prozesse ein, bevor der natürliche Punkt sich zeigt und damit greifbar wird) und manipuliert. Damit man sich auf Wissenschaft, Politik und Industrie stützen muss. Das deutet dann auf "andere Interessen" von Seiten der Politik hin, wie den Verkauf von Impfstoff als Industriezweig (Pharmalobby) und ähnliches.

165

Ich zum Beispiel habe nichts gegen eine gute, verlässliche Impfung mit herkömmlichen, erprobten Vakzinen. Aber, was uns angeboten wird, unter Zuhilfenahme von bewusster "Angstmache" (dazu gibt es Regierungspapiere und auch "der Fokus" berichtete hier mal), sind Produkte, deren Langzeitfolgen weitestgehend unbekannt sind und die dann, in Zukunft, das "Argument" für immer mehr und immer experimentelle "Impfungen" (sie sind eher Immunisierungen gegen einen schweren Verlauf als dass sie Impfungen im klassischen Sinn wären) darstellen könnten.

Der Ausweg: "Natur", sei es, dass man sich in die Wälder zurückziehen will oder sich auf sein Immunsystem verlassen möchte, wird verstellt. Warum? Weil mit künstlichen Hilfsmitteln viel Geld zu machen ist und weil man es "gut meint".

WO SANKTIONEN UND BELOHNUNGEN genutzt werden, sind ENTSCHEIDUNGEN NICHT FREI.

Dass die Natur Abweichungen fördert, wie Mutationen und neue Konzepte/Meinungen/…, damit Vielfalt einen Totalausfall unwahrscheinlicher macht, ist bei den Kampagnen gegen "Querdenker", "Impfgegner",... nicht deutlich zu erkennen. Die Regierung "meint es gut" und ihre Fehleinschätzungen machen sie scheinbar, wie in einer Sekte, wenn der Weltuntergang nicht eintritt, teilweise noch glaubwürdiger???

Wenn die "QuerdenkerInnen" Recht hatten, zeigt man in den Medien einfach irgendwelche Leute, die teils schwach gebildet sind oder "Freaks", und tut so als seien die die typischen "QuerdenkerInnen".

166

Dass weniger Leute sich bei Symptomen testen lassen, wenn Arbeitsausfall bei Quarantäne nicht mehr bezahlt wird, KANN die Politik, wenn sie Corona bekämpfen wollte, im Grunde nicht durchsetzen wollen! Tut sie aber.

Den Regierungskritikern fällt so etwas auf und es macht ihnen natürlich Angst. Dann vertraut man vielleicht auch anderen Punkten des Staates nicht (Impfungen, ÖR,...)! Auch das kann krank machen!!!

Wie gesagt: "Auto, Impfungen, Kryptowährungen, Cloudspeicher, Schlachthöfe,... werden hoffähig und durch das Wecken von Bedürfnissen "nötig" gemacht." So sichern sich die Banken, die InvestorInnen,... ihre Einkünfte. Mit denen erwerben sie sich Land,... und die armen LeutInnen sind ihre käuflichen Waren/ProstituiertInnen,...!!!

"Gutmenschen", die ihre Mitmenschen mit dem "Richtigen" nötigen wollen, sind zweifelhafte VertreterInnen.

WIE SOLL EINE DEMOKRATIE FUNKTIONIEREN, WENN DIE INFORMATIONEN NICHT FREI VERFÜGBAR SIND, DIE MENSCH DAFÜR BENÖTIGT???

12.

Grenzerfahrung: Alle "Rassen" außer einer abzuschaffen, ist "rechts".
Alle "Rassen" zu einer vermischen ist: ???
(Menschenrassen gibt es nicht). Soll die seit Jahrmillionen funktionierende Vielfalt abgeschafft werden, um die natürliche Konkurrenz abzuschaffen. Die Notwendigkeit von Toleranz und

Akzeptanz fiele ebenfalls weg. Damit schwinden doch auch die Notwendigkeit von Verständnis und damit Verstand. Was soll das? Genau so beginnen Dekadenz und Degeneration. Sind Unterschiede nicht interessant???

13.

Make-Up ist die Burka des Westens???

14.

Ich wurde einmal zu 99% für etwas "gemaßregelt", das ich hätte tun können und auch, ausgelöst von Fehlern des Staates her, kaum verschuldete. Damit das unwahrscheinlicher durch andere und mich wiederholt wird: Lasst, wie durch euer Smartphone,... Überwachung zu!!! Unterbindet nur Elitenbildung, die Menschen unterschiedliche und ungerechtfertigte Macht über sich und andere verschafft. Gleichheit an Möglichkeiten der Meinungsbildung, der Entfaltung von Persönlichkeit und Intellekt ist gerade KEINE Vereinheitlichung dieser Bereiche. Wenn man aber Leute indoktriniert und das Denken vereinheitlicht, ist das Unterdrückung wenn es Grenzen setzt, die nützliches Handeln verunmöglichen. Die Entwicklung des Lebens braucht Freiräume und gesunde Regelbrüche. Gesellschaft und Individuum profitieren von Wandel normalerweise überwiegend, wenn der Wandel sensibel in das alte Modell integriert wird. Was nicht passieren darf aber passiert ist, dass in Zeiten des Mangels oder eher Abschwungs Solidarität schwindet. Denn gerade dann ist sie wichtig. Klar, der Reflex ist, in der Not an sich allein zu denken, doch als Gemeinschaft ist man weitaus stärker und resilienter. Dass Stress unangenehm sein kann, ist klar. Wenn man den Stress nicht vermeiden kann, ist es besser, wenn man damit umgehen kann.

Literaturangaben:

- „Culture"-Novels, Iain M. Banks

- „nur" buntes WASSER?!, Manöver der Fehlersophie, von Jürgen S., Verlag: Books on Demand, In de Tarpen 42, 22848 Norderstedt, Deutschland

- Alles von Niklas Luhmann

- Andreas, ehemaliger Kollege, mittlerweile verstorben

- Das egoistische Gehirn: Warum unser Kopf Diäten sabotiert und gegen den eigenen Körper kämpft, Prof. Dr. Achim Peters, Ullstein Taschenbuch

- Das egoistische Gen, Richard Dawkins, Rowohlt Taschenbuch Verlag

- Data Unser: Wie Kundendaten die Wirtschaft revolutionieren, Lars Luck, Björn Bloching, Thomas Ramge, Redline Verlag

- Der Fall: Vom Goldenen Zeitalter über 6000 Jahre Niedergang zu einem neuen Bewusstsein, Steve Taylor, Sphinx

- Die Bibel

- Die Kunst des klaren Denkens: 52 Denkfehler, die Sie besser anderen überlassen, Rolf Dobelli, Carl Hanser Verlag GmbH & Co. KG

- Die Kunst des Krieges, Sunzi, Neuer Kaiser

- Die Weisheit der Vielen: Warum Gruppen klüger als Einzelne sind und wie wir das kollektive Wissen für unser wirtschaftliches, soziales und politisches Handeln nutzen können, James Surowiecki, C. Bertelsmann

- Factfulness, Hans Rosling, Anna Rosling Rönnlund und Ola Rosling, Ullstein

- Gleichheit ist Glück: Warum gerechte Gesellschaften für alle besser sind, Kate Pickett und Richard G. Wilkinson, ? Haffmans & Tolkemitt

- Great Green Thinking, Jennifer Hauwehde und Milena Zwerenz, &Töchter

- le Monde Atlas der Globalisierung

- Living, Thinking, Looking, Siri Hustvedt, Macmillan USA

- Momo, Michael Ende

- Neue Irre - Wir behandeln die Falschen Eine heitere Seelenkunde. Auf dem neuesten Stand der Forschung, Manfred Lütz , Kösel

- no HOPE: warum wir zu erfolgreich sind, J.H.S. (V) Barfuß, BoD

- Operating System, Wem Nutzt Der Unsinn, Das Unrecht, Die Dummheit, Jürgen S., BoD

- Philosophisches Argumentieren: eine Einführung, Holm Tetens, ? C.H.Beck

- Psychologie der Massen, Gustave Le Bon, Nikol
- Quasi alles zur „HeldInnen-Reise"
- Quasi jeder religiöse und andersweitig ideologische Text mit globaler Bedeutung
- Schnelles Denken, langsames Denken, Daniel Kahneman, Siedler Verlag
- So ziemlich alles bezüglich Konstruktivismus, Nihilismus, Existenziellismus
- So ziemlich jede Gewalttat, jedes markierte Unrecht
- So ziemlich jeder Gesetzestext
- So ziemlich jedes feministische und frauenrechtliche Buch
- Texte zur Ethnologie
- Texte zur Kulturwissenschaft
- The Limits to Growth. A Report for the Club of Rome's Project on the Predicament of Mankind, 1972
- The Origins Of Political Order, Francis Fukuyama, Farrar Straus Giroux
- Tiere essen, Jonathan Safran Foer, Fischer Taschenbuch Verlag
- Tomorrow - Die Welt ist voller Lösungen, Cyril Dion, Kamphausen
- Wahrscheinlich jeder bisher geschriebene soziologische, psychologische, ... Text.
- Wie wirklich ist die Wirklichkeit?, Paul Watzlawick, Piper

Wir alle spielen Theater, Erving Goffmann, Piper

Dies Buch entstand unter Verwendung von LibreOffice, Luhmanns Zettelkasten (Software),... Der Cover_Hintergrund ist das Werk "Polyphonie" von Paul Klee

Ende.